見えてくる子どもの世界

ビデオ記録を通して保育の魅力を探る

岸井慶子
［著］

ミネルヴァ書房

まえがき

　ここ数年，保育団体の研修会や各園で行う園内研修・研究において，保育ビデオを視聴して話し合いをするところが増えてきています。映像によって保育場面や子どもの姿に関する共通理解がしやすく，繰り返し詳しく検討できるなど利点は多くあります。しかしその利点を生かし，保育ビデオが十分に活用されているとばかりは言えない状況もあるように思われます。ビデオ記録を使った話し合い（ビデオカンファレンス）が充実したものになるにはどうしたらよいのか手探り状態で，その良さや危険性，限界に気づかなかったりする実践者や現場はまだまだ多くいらっしゃるようです。「ビデオで保育を撮影してみたけれど何の話し合いにもならなかった。見て終わりだった」「時間ばかりがかかり，つまらなかった」「（保育の）欠点の指摘で終わった」「身にならない」などの声が聞かれることさえもあります。

　私は，ありがたいことに20年以上の間，多くの保育をビデオで記録させていただく機会に恵まれました。そして様々な実践者・研究者の方々とそのビデオの保育について話し合いを重ねることができました。そのようなビデオカンファレンスの経験を通して，子どものすばらしさを実感し，保育の奥深さや複雑さや保育者という仕事の魅力など多くのことを教えられ，自分を育ててもらったように思います。

　そこで，これから保育の道に入ろうとする方々，ビデオカンファレンスをこれから始めたい方々，ビデオカンファレンスをもっと楽しみたい方々，マンネリから脱し自分（たち）の保育を違った視点から見直してみたい方々などに向けて本書をまとめることにしました。保育をビデオで撮ることの意味やビデオカンファレンスの楽しさ，その際の危険性や限界，それらをふまえどのような注意を払ったらよいのか，撮影時の工夫にはどんなものがあるかなど，私自身の失敗や悩みも含めて明らかにしようと試みました。なにぶんにも，私個人の

経験の整理から生まれたものですから，偏りや思い込みがあることは十分考えられます。しかし，何よりもビデオ記録から見えてくる子どもたちの豊かな世界，子どものすごさ，保育の奥深さ，の一端でも伝えられれば幸いと考えたのです。

　本書は「Ⅰ　映像で保育を振り返る」と「Ⅱ　子ども理解を深めるためのビデオカンファレンスの実際」の2部で構成しています。まずプロローグにおいて，私が「なぜビデオ記録を用いるようになったか」，そのきっかけ等について私の心を動かしたエピソードなどを紹介しながら示します。そして，Ⅰでは，ビデオ記録の有効性やその特徴，また映像の見方の工夫やそれによる解釈の変化についてやビデオが与える保育への影響，さらに具体的なビデオの撮り方などについてエピソードを通して説明をしています。Ⅱでは，ビデオカンファレンスについてその考え方や目的，またビデオカンファレンスを行うに当たっての準備や基礎知識，さらにカンファレンスが充実するための工夫などについて具体的に説明しています。そして最後にエピローグとして本論に収められなかったエピソードも用いながら，ビデオを通して子どもに学んだこと，そしてそこから私がみなさんに伝えたかったことをまとめました。Ⅰ，Ⅱどちらを先にお読みいただいてもよいと思います。なお，本書で取り上げているエピソードはすべてビデオ記録から書きおこしたものです。

　より多くの方々がビデオカンファレンスを実際に行うことによって，このビデオカンファレンスという方法がもっともっと洗練され，実践者が保育の質を向上させることに少しでも役立ってくれたらと願ってやみません。

2013年9月
岸井慶子

※本書のエピソード中に登場する子どもの名前はすべて仮名です。

もくじ

まえがき

プロローグ　なぜビデオ記録を用いるようになったか …………… 1
1. ビデオを持ってフィールドに入ったきっかけ——違和感と中断 …… 3
2. 私の心が動いた時 ……………………………………………………… 5
3. 研究会の方向転換——文字記録からビデオを使った事例検討へ …… 9
4. 撮影したビデオを継続的に保育者とともに検討する ……………… 11
5. 「見る」から「見せてもらう」「見えてくる」へ …………………… 13
　（1）予想を超えて展開した活動　13
　（2）後から詳細に見直して気づいたこと——ビデオならではの発見　16

Ⅰ　映像で保育を振り返る

Chapter 1　保育の振り返りにおけるビデオの有効性 …………… 23
1. 映像で保育を振り返ることの大切さ ………………………………… 25
2. ビデオ記録の特徴 ……………………………………………………… 28
　（1）圧倒的に多い情報量　29
　（2）撮影者の意図を超える情報　29
　（3）再生方法を"変化"させて見直すことができる情報　30
　（4）文字記録のような「語り口」に左右されない情報　30
　（5）身体，時間，テンポなどを捉えられる情報　31
　（6）その場にいなかった保育者と臨場感をもって共有できる情報　32

Chapter 2　映像のいろいろな見方と解釈の変化 …………………… 35

1. 注目点がそれぞれ異なる ………………………………………… 37
   - （1）場面を切り出したからこそ際立つ注目点の違い　37
   - （2）その子との感情的なつながりによって異なる注目点　41
   - （3）見る人の保育観や環境条件に影響される注目点　44
2. 異なる視点が，新たな解釈を作っていく ……………………… 45
   - （1）はじめの印象　46
   - （2）「試行錯誤し没頭している」という見方への変化　47
   - （3）"ひとり占め"ではなく，"ひとつの楽器"を使おうとしている　48
3. 映像をさかのぼって見ることで新たな解釈が生まれる ……… 49
   - （1）最後の泣き顔と笑顔の意味をさかのぼって理解する　49
   - （2）書き残されたものから見えてきた子どもの思い　55
   - （3）（今は見えないけれど）「きっと何かある」と思いつつ，見る　56
4. スローなコマ送りにして見えたこと …………………………… 59
   - （1）見えてきた細かいできごと　59
   - （2）細やかな身体や心の動き　63
   - （3）どんなに幼くても，周囲の様子や子どもの様子を見ている　65
5. ズーム・インにした画面から見えたこと ……………………… 68
6. 文字化する過程で，さらに見えてくる ………………………… 71

Chapter 3　「撮られる」立場と「撮る」立場から ……………… 81

1. 子どもへの影響 …………………………………………………… 84
   - （1）子どもは撮られているのを知っている　84
   - （2）撮影されることは子どもの活動に影響するか　86
   - （3）影響を受けていること自体が記録される　88
   - （4）何が保育・子どもへの影響度に関係するのか　88
   - （5）継続して撮っているうちに芽生える相互の感情　89

2．自分の保育を撮られる担任について……………………………………92
　（1）いつもと違う保育のなかにいつもの保育を見出す　92
　（2）「撮られること」を積極的に活用する　93
　（3）どんなふうに撮られているかを知りたい担任　94

3．保育を「撮る」立場から………………………………………………96
　（1）冷たい撮り方，温かい撮り方　96
　（2）撮り手の「痛み」と「葛藤」　97
　（3）観察しながらの「つまらない，手応えがない」を超える　98

Chapter 4　保育のビデオを撮影する時に考えること ……………101

1．具体的な撮り方について………………………………………………103
　（1）誰が撮るか　103
　（2）どのくらいの長さ（時間）を撮るか　104
　（3）ズーム・イン／ズーム・アウトについて　104
　（4）ON／OFFの活用はどのようにするか　106
　（5）どの位置から撮るか　107
　（6）どんな構え方をするか　109
　（7）何を撮るか，何を撮らないか　111
　（8）撮る視点（＝考察の視点）は何か　112

2．撮ったビデオは誰のものか……………………………………………113

3．公開すること，ほかの人と議論すること……………………………114

Ⅱ　子ども理解を深めるためのビデオカンファレンスの実際

Chapter 5　ビデオカンファレンスの実際 ……………………………119

1．「カンファレンス」について……………………………………………121

2．どんな場で行うか………………………………………………………124

（1）園内研修として行う　　124
　　（2）園内研究の一部として行う　　125
　　（3）保育者仲間の自主的研究会で行う　　126
　　（4）保育者の研修会（参加者が多数で，継続的ではない集まり）で行う　　126
　　（5）保育者養成校の教員が保育理解を深め，共通理解のために行う　　127
　3．保育者が行う「ビデオカンファレンス」の目的 ················ 128
　　（1）「思いこみ」「決めつけ」から解放するために　　129
　　（2）「つもり」から「実際にしていること」への気づき　　131
　　（3）ひとりの省察を共同省察にしていくために
　　　　　――育ち合う保育者を目指して　　133
　　（4）明日の保育への希望につながるために　　134
　4．ビデオカンファレンスでビデオを見る時の注意点 ············ 135
　　（1）「再現する」こと――ビデオは絶対か？　絶対ではない！　　135
　　（2）保育中にはできなかった見方や居方――ビデオだからできること　　137
　　（3）拡大解釈の危険性，感想表明で終わる危険性　　139
　　（4）保育者を責めることにならないように　　140
　5．保育者を目指す学生のための「保育カンファレンス」 ········ 141

Chapter 6　ビデオカンファレンスを行うための準備と基礎知識 ················ 145

　1．ビデオカンファレンスを行うための準備 ···················· 147
　　（1）機器は何を用意すればよいのか　　147
　　（2）ビデオカメラの選び方　　147
　2．撮ったビデオの整理と保存 ································ 149
　　（1）どんな形式で，何に保存するか　　149
　　（2）再生・編集ソフトにはどんなソフトがあるか　　149
　　（3）撮影日時や概要の記録の重要性　　150

（4）個人情報，肖像権への配慮　　*151*
　3．ビデオカンファレンスでどんなビデオを見るか ················ *154*
　　（1）市販のビデオを利用する　　*154*
　　（2）自分たちの保育を撮影したビデオを利用する　　*156*
　　（3）再生機器の環境に配慮する　　*157*
　4．「ビデオカンファレンス」ではどのように話し合えばよいのか ······ *157*

Chapter 7 「ビデオカンファレンス」が充実した話し合いに なるために ································ *159*

　1．様々な視点から見る ································ *161*
　　（1）身体を捉える　　*162*
　　（2）間（ま）を捉える　　*163*
　　（3）保育の重層性・複雑性・連関性を捉える　　*164*
　2．再生方法を工夫する ································ *169*
　3．資料準備など，話し合いの工夫をする ················ *170*
　　（1）あらおこしメモ　　*171*
　　（2）一言メモ　　*173*
　　（3）研修会での資料例　　*177*
　4．研修リーダーの養成 ································ *186*

エピローグ　ビデオを通して，子どもに学ぶ ················ *189*

　1．子どもの"すごさ"に教えられ，惹きつけられて ············ *191*
　2．"見えてくる"子どもの世界 ································ *203*

あとがき　　*207*

プロローグ

なぜビデオ記録を用いるようになったか

1 ビデオを持ってフィールドに入ったきっかけ──違和感と中断

　初めて、ビデオを持って保育現場に入った時のことはよく覚えています。16年勤めた東京都公立幼稚園を退職し、私立幼稚園に週に何日か通い始めた時のことです。園内研究会をするのでビデオを撮影しないか、と恩師からお誘いをいただきました。幼稚園のビデオ撮影機をお借りして操作の説明を受けて保育観察（＝撮影）を始めました。25年ほども前のことですから、今よりもずっと大きく重い機械で、おまけに小さなのぞき穴のようなところに目を押し付けてのぞくタイプのものでした。

　撮影を始めて、しばらくすると、違和感があります。子どもたちが自由に遊んでいる場面です。保育をしていた時に私がいつも見ていたものとはまったく違うのです。私はビデオのフレームの外側をもっと見たいのに、ビデオは保育場面の一部分を冷徹に四角く切りとってしまうのです。また、ビデオで見て（撮影して）いる前方よりも、私のいる場所のすぐ横や後ろの子どもの様子が気になって仕方がありません。「こんな声が聞こえる、あんなことをしている、あの子はどうしたのだろう。おもしろそうだなぁ」と、次々気になることが出てくるのです。目の前の姿を見る（撮影する）ことに集中することなどできないのです。その違和感にイライラして、撮影を中断し、ついにビデオカメラを置いてしまいました。

　さて、その日の園内研究会の中心的活動場面である一斉活動が始まりました。いわゆる小学校等で行う授業研究です。遊戯室で行う鬼ごっこでした。私もほかの先生方と一緒に遊戯室に入りビデオを構え、見る（観察する）ことを始めました。「保育を外側から見られる良いチャンスだからしっかり観察し、子どもの姿をしっかり捉え（撮影し）よう」と張り切って臨みました。身体を低くして、子どもの目線から捉えようとしました。しかし子どもの動きが激しく、ズームアップするとすぐにフレームから消えてしまいます。全体を撮ろうとすると表情が捉えられません。どこを撮ったらよいのだろうと迷いながらレンズ

をあちこちに向けますが、そのうち「いったい今何が起きているのか」もわからなくなります。機械的な「撮影」はできても、「中身」が見えてこないのです。気持ちばかりが焦ります。「では焦点を絞って撮ろう」と思い、ひとりの女の子にレンズを向けました。しかし、女の子は意識したのか後ろ向きになってしまいます。そうこうしているうちに研究保育の時間（一斉活動）は終わりました。

　そのような焦点が定まらないビデオの撮影状況ですから、私の撮影したビデオは研究会の話題にしたくてもできないつまらないものでした。何より、私自身がみんなに伝えたいようなエピソードを見出せなかったのです。保育後の研究会では、まったくビデオを使うことなく話し合いが進められました。そしてビデオ記録がなくとも、先生方から次々に、興味深い子どもの姿、子どもの真実性がにじみ出ている姿がエピソードとして語られるのです。「なぜ同じ場面を見ていたのに、こんなに楽しい生き生きとした姿を捉えられるのだろう」と驚き、自分の力のなさにがっかりするやら担任をしていた身として恥ずかしいやら。保育者としての自信などすっかりなくなり、自分を責めていました。それ以後しばらくビデオを撮影するのをやめていました。同じ園で行われる園内研究会に参加させていただいても、その時にほかの方が撮影する姿を見ることはあっても自分ではビデオを持たず、自分の目と感覚で保育を観察しメモを取っていました。

　このように、ビデオを持って保育現場に入るきっかけは、ほかの先生から与えられた「偶然」であり、自分から何か目的をもって入ったわけではありません。何の準備もなく「保育をしていたのだから、保育者だったのだから、保育のビデオも撮影できる」くらいの気持ちで保育観察（＝ビデオ撮影）を始めたため、"撮影すること"と"観察すること"、ビデオに"記録すること"と「何が起きているのか」を"捉えること"、の違いがかえってはっきり見えたように思います。自分自身に突きつけられたのです。また、保育者は保育中にいろいろな場面、方位、子ども、に注意を向けながら見ていることがわかりました。保育者は保育中にズーム・インとズーム・アウトを巧みに重ねながら、点と点をつないで「意味」を見出しているのだということがわかりました。

プロローグ　なぜビデオ記録を用いるようになったか

「保育者が保育中に見ること」と「外部から撮影すること（＝見ること）」がどうやら違うらしいとわかっても，ではどうしたらよいのか，どのように撮ったら（観察したら）よいのか，わかりませんでした。

2 │ 私の心が動いた時

　しばらくビデオを持たずに観察していた私でしたが「3年保育を新たに開始するので，その様子を初めから記録に残したい」というお誘いがあり，3年保育を実際に経験したことがない私は大いに興味をもち，再びビデオを撮ることにしました。ビデオを撮影しながらそのおもしろさに気づかされたのは，次のまこと君といずみちゃんの姿（2つのエピソード）に出会ったことがきっかけです。
　その日は入園式後3日目の3年保育児の姿を観察できるということで，わくわくしながら少し早めに幼稚園にでかけました。すると，誰もいないテラス中央に所在無げにひとり立っているまこと君の姿を見つけました（写真1）。まだ，登園時間よりかなり早いので子どもたちは誰も登園していません。少し大きめの園児服のポケットに手を入れたまま足をゆっくりとすり足させながら，ほとんどその場から動きません。時々先生方が声をかけますが，黙ったままです。それでも周囲を見ていることがわかります。
　朝一番に，今日の撮影のリハーサル的な気持ちでレンズを向けたのですが，「不安だろうな。でもこんなに朝早くから幼稚園にきたのね」と思っていました。それが，「いつ動き始めるのかしら？どんなことをきっかけにするのかしら？
　がんばれ。何とか動き出して楽しい遊びを見つけてね」という思いに変わってきました。つまり，こちらの感情が動いたのです。ちょうど自分が公立幼稚園を退職したばかりで，保育に対する自信も

写真1
まこと君が，ひとりで所在なげにしている姿。

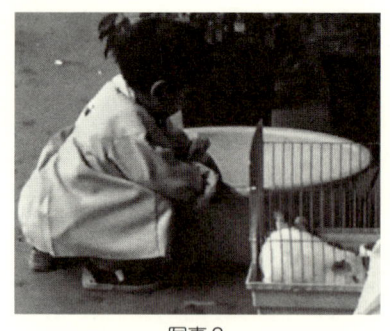
写真2
モルモットを見つけて近寄る。

なく，自分自身の不安な心的風景と重なったことも影響していると思います。そして目の前にいる，いかにも不安そうなまこと君が，時間をかけながら少しずつ，モルモットや他児が玩具の車を水で洗う姿などに興味をもち，時間をかけて自分でジョウロを取って使うようになった時には「本当に良かった」「ついに，やったね」と感動しました。まこと君が最初にモルモットに向かって2～3歩動き出したその瞬間を撮影しながら，思わず「たまらないな。これだから，（子どもを見ることを）やめられないな」とつぶやいた言葉が今でもビデオの音声に残っています。

同じ日のことです。まこと君がようやくモルモットを見つけ，モルモットに近づき，しゃがみこんで近くにあった野菜の葉をモルモットの口元に差し出し始めた時（写真2），偶然その向こうでお母さんの手を握りしめて泣いているいずみちゃんを見つけました。まこと君を捉えるカメラの画面に偶然入ってきたのです。まこと君がひとりでなんとか自分の居場所を見つけ出し，何かをしてみようとしている同時刻に，いずみちゃんはお母さんから離れられずに，先生のかかわりも拒否して泣いています（写真3）。

まこと君を撮影することから離れて，今度はいずみちゃんを追ってみました。見続けていると，担任の先生だけでなく教頭先生のかかわりもあり，いずみちゃんが次第に心を落ち着かせていく様子を見ることができました。担任時代には，1か所やひとりの子どもにかかわり続けることができませんでした。それだけでなく，保育している側の心のうちは，泣いている子どもをこんなに冷静に捉えることはできません。というか，保育者（担任以外も含めて）の心のうちは観察者とは違うもので"いっぱい"なのだと思います。相手の子どもの心のうちや変化を読み取るだけではなく，次に（私は）どうするか，何ができるかが"せっぱつまった状態"であるのだと思います。とても緊張感のある心

の状態です。しかし,観察者(撮影者)にはそれがありません。少々の期待と,驚きと,おもしろがる気持ちなどです。

さて,試行錯誤しながらなんとか帰宅してしまったお母さんを泣きながら探し,公園(園庭を兼ねている)を一回り歩くいずみちゃんに,先生がほどよく付き合います。先生は並んで歩いたり後ろから付き添ったり,いずみちゃんの言葉を繰り返したりします。年長組の女児も時々一緒に付き添うように歩き回ります。暖かな日差しのなかで,いずみちゃんはだんだん気持ちが落ち着いてきたようです。いずみちゃんとの距離を取ろうとしたのでしょうか,先生が「お手洗いに行ってくるから,ここで待っていてね」と庭の滑り台の階段の下でいずみちゃんをひとりにしようとします。「一緒に行く?」といずみちゃんの意思も同時に尋ねます。いずみちゃんは,黙って首を大きく横に振り,ひとりで待っていることを選びます。先生が「ここを持って,待っていてね」と滑り台の階段の手すり部分を示すと,いずみちゃんはしっかりその部分を握ります。左手で手すりを握りしめ,もう一方の手でそれまで手にしていた大きな白いハンカチを(片手なので)苦労しながらポケットのなかにしまいます。もう涙を拭く必要もなくなったのでしょうか。そして,離れていく先生の後ろ姿を見えなくなるまでずっと見ています。その時の,いずみちゃんがせいいっぱい爪先立ちをする足を見た時,いずみちゃんの心の内が見えたように感じました(写真4)。

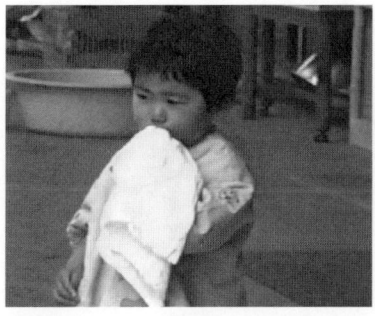

写真3
お母さんから離れて泣いているいずみちゃん。

写真4
滑り台につかまりながら,先生を待ついずみちゃんの後ろ姿(爪先立ち)。

その後，滑り台でじっと待っているいずみちゃんの所に先生がピカピカの真新しいボールを1つ抱えて戻ってきました。「今，お手洗いが混んでてね，いっぱいなの。もう少し待っていてね。このボールを持って待っていてくれる?」と言いながら，その新しいボールをいずみちゃんに差し出すと(写真5)，いずみちゃんは素直に頷きボールを受け取ります。「待っていてね」と言いながら先生はその場を去っていきます。いずみちゃんは黄色いボールを抱えながら待っています。

　ほどなく，「お待たせ」と言いながら先生が戻り，少し離れたところから両手を差し出してボールを受け取ろうとします。いずみちゃんはその流れにのって，ボールを先生に向かって投げます。先生の手にうまく渡らず(わざと落としたのかもしれません)ボールが転がると，いずみちゃんはボールを追いかけ，先生のほうに向かって蹴ります(写真6)。黄色いボールの転がる動きに誘われて，いずみちゃんの身体がほぐれ，動き出した瞬間です。笑顔も見られるようになります。そこからは，公園のあちこちに転がるボールを追いかけていずみちゃんと先生が走り回り，ボールと心のやり取りが始まりました。途中で年長組の女の子も参加します。何も言わなくても，心が通じた様子が伝わってきました。

　この時の感動で，「子どもはすごいなあ」と心から思い，子どもの「けなげ

写真5
先生から真新しい黄色いボールをもらういずみちゃん。

写真6
戻ってきた先生とボールを蹴って動きだしたところ。

さ」を教えられました。夢中になって保育をしている時には気づかなかったことです。特に，せいいっぱい背伸びをしながら去って行く先生の後ろ姿を見続けている姿から「こんなにも，先生を頼りにしている」ということがわかりました。また，時間はかかるかもしれないけれど子ども自身が「自分から動き出す力をもっている」ということも実感することができ，以後，まこと君やいずみちゃんの姿を3年間毎月観察（撮影）し，2人が卒園するまで続けることになりました。

機械的にデータとして撮影（記録）することに意味があるのではなく，撮影者の心が動き，誰かに伝えずにはいられなくなるかどうかが重要ではないでしょうか。機械が撮るのではなく，人間が機械を使って撮る（見る）ことに意味があるのだと思うようになりました。

3 │ 研究会の方向転換──文字記録からビデオを使った事例検討へ

現在，保育の振り返りのために文字による観察記録やエピソード記録の必要性が強調されていますが，そこには問題点もあると思われます。

例えばある研究会で，「一緒に遊ぼうという誘いを断られた男の子が，"がっかりとした様子"でその場を去った」という観察記録（文字による行動描写）を読み，その後その場面のビデオを見た人が，「がっかりしたのではなく，これは"ぷいっと"怒った様子でその場を立ち去ったのではないか」と，文字による観察記録を読んだ時とはまったく異なる解釈に変えたことがあります。このようなことは少なくありません。

私が参加していた保育研究会[*1]では，初期の頃は毎月事例（文字記録）を持ち寄り，それを基にした話し合いを行っていました。ある時「ひとりの男児A君

＊1　東京都公立幼稚園の保育者たちが，その頃東京都の指導主事（後に文部省視学官）をされていた高杉自子先生を中心に月に一度土曜の午後集まって行っていた研究会。自分の保育について保育者自身が自分の言葉で語ることが大切であるという高杉先生の考えから「保育を語る会（通称「語る会」）」と名付けられ，以後「保育カンファレンスの会」「楽子（らっこ）の会」などと名称が変わりながら30年以上続いた現場保育者の自主的研究会。

が紙を棒状に丸めて近くにいる男児B君の頭を叩いた。室内を一回りして戻ってくると，またB君の頭を叩いた。……その後，次々と近くにいる子どもたちの頭を叩いた。……」という事例が取り上げられました。参加者たちはいろいろな意見を出し，A君がなぜ人の頭を叩いたのか，どんな気持ちでどんな意図があったのか，などを探ろうとしていきました。

　その時，たまたまその事例の場面を園内の先生がビデオに撮影していることがわかり，参加者全員で見ることになったのです。ビデオを見て参加者は大変驚きました。文字記録にされた「紙棒で叩く」「次々と近くにいる子を叩く」という"乱暴な"（と思われた）行為が，ビデオで見ると"友達への挨拶"に見えたのです。"乱暴"な行為とは程遠いものだと解釈されました。そのことをきっかけに，この研究会は子どもの姿をビデオで撮影し，それをみんなで見合い話し合う研究会へと変化していきました。

　つまり，子どもや保育者の行為を文字化することの難しさがここにあると考えられます。「ぶった」のか「叩いた」のか「軽く頭に触れた」のか，「チラリと見た」のか「ジロリと見た」のか，のように，文字記録は，書き手の言葉の使い方や語彙の豊かさ，文章表現力の影響を受けやすいのです。同様に，書き手だけではなく読み手の読みとる力の影響もあると考えられます。つまり文字記録の後ろにあるできごとを想像し感じ取っていく力です。行間を読む力とでも言うのでしょうか。

　映像は書き手の「語り口」に左右されない利点があると言えます。しかし，映像記録が文字記録よりも一方的に優れているというものでもありません。Chapter 2以降に示すように，同じ映像を見ても注目点が異なったり，同じ行為の意味づけが見る人によって異なったりします。もちろん，「見る」以前に撮影者がどこにカメラを向けてどの場面を撮影したのか，という問題もあります。それぞれの限界や危険性を理解し，補い，多様な見方を総合させながら保育の実相に迫っていくことが大切だと考えます。

4 撮影したビデオを継続的に保育者とともに検討する

　ちょうど参加していた研究会が「文字記録からビデオを使った事例検討へ」と研究会の方向を変化させてきた時に，私はそれまで勤めていた東京都公立幼稚園を退職し，時間的に余裕がある（保育を観察＝撮影できる時間が取れる）立場となりました。そのため，毎月，同じ園の同じクラスを継続的に1日観察し，ビデオに記録し，保育後の園内研究会の資料として撮ったビデオを検討し合う機会を与えていただきました。また同日の夜には，自主的研究会の仲間が仕事を終えて集まってきて，さらにビデオカンファレンスと称して事例検討会を行うことが何年も続きました。

　非常に幸運だったと思われます。それは，第1にスーパーバイザーとして園内研究会には講師がいらしたことです[*2]。その日の研究会を充実したものに方向づける役割はしなくてよかったのです。自分が撮ったビデオをその日のうちに材料として提供しつつ，園内研究（研修）[*3]を充実したものにしていくようリードするのはかなり大変なことです。撮影したビデオが先生方を刺激できるかどうかという責任のようなものも感じざるを得ません。そこに参加する先生方の研修欲求にも応えなくてはならないというプレッシャーもあります。研修や研究のためのビデオ撮影に慣れていない私にはとても無理なことでした。しかしこの時のN園での園内研究会では，ひとりの参加者として，ビデオを見て話し合いに参加することができました。

　第2に，自分の撮影した（観察した）映像（エピソード）を，まず"保育者"

＊2　高杉自子先生が継続的に講師を務めていた。同日の保育者による自主的研修会でも指導いただいていた。

＊3　園内研究，園内研修：園長をはじめ園内の教職員が一緒になってより良い保育を目指して取り組む活動。園内研究も園内研修も同じように使われることもあるが，ここでは，ある期間を限ってテーマや研究課題を設定し，実践研究として一定の結論を得ようとする取り組みを園内研究としている。園内研修は，一定の結論というより，保育者個々人の資質向上を目指したもの，あるいは園全体の保育の質向上を目指したものとしている。本事例のN園では，当時研究テーマを決めて園内研究に取り組んでいた。

の方たちに検討してもらえたことです。その日に保育をしていた担任から，同じ園内で保育をしていたほかの同僚保育者や，園長先生や教頭先生・主任保育者，時には助手さんなどからビデオのエピソードの解釈や，そのエピソードにつながるほかのエピソードなどを教えていただけました。「研究的な視点」というより，「実践的な視点」から子どもの姿をより広くより深く捉えることを教えられました。何よりも「おもしろがりながら見る」「一緒に味わいながら見る」態度を教えてもらったように思います。実際に保育者たちは，目を細めかわいくてたまらないという様子で子どもたちのことを語り合っていました。

　第3に，継続的に観察（撮影）することが許され，継続的にスーパーバイザーを中心に親しい実践者仲間と検討を重ねることができたことです。撮影しても，検討がなされなければビデオテープは内容も忘れられてしまうような単なる「物」になってしまいますが，それを幾分でも防ぐことができたと思います。最初に撮影した時の感動や，見出したエピソードの意味をはるかに超えて，撮影（観察）者が思いもかけなかったようなエピソードを発見したり，意味を見出したりすることができました。

　例えば，多くの子どもが動き回っている朝の保育場面で，画面の端をほんの一瞬横切るたろう君の足先と彼が引きずるようにして持っている大きな白い熊のぬいぐるみを発見した先生が「職員室においてあったはずのぬいぐるみがいつなくなったのかわからなかったが，たろう君が持って行ったのね」「こんなに朝早くからもうぬいぐるみを持っている」と気づき，友達関係や家庭内での問題を抱えたたろう君の心の大変さや寂しさを思いやったことがあります。本来みんなで注目していた子どもやできごと以外のことにも気づかされたのです。

　このようなビデオとのかかわりをする過程で，私は，①観察（撮影）時に，②撮影終了直後にノートを整理しながら，③保育後に園内の先生方と，④同日夜の研究会で仲間と（繰り返し），と最低でも4回，多くはそれ以上繰り返し子どもの姿を見直すことを継続的に行うことができました。何度も見直すたびに新たな発見があることも経験できました。繰り返し見直すことによって気持ちにゆとりが生まれたり予想しながら見るようになったりするからでしょうか，

聞こえなかった言葉が聞こえるようになったり見過ごしていた何気ない動きが見えるようになったりするのです。そしてそれが，新たな意味を教えてくれるのです。

　第4に，気心の知れた仲間のなかでの月例検討会のほかに，時には保育学会やその他の研究会において外部の研究者（森上史朗先生，佐伯胖先生をはじめとした先生方）や多くの実践者を交えて検討を加えていただき，それまで考えてもみなかったような視点を得ることができました。

5 ｜「見る」から「見せてもらう」「見えてくる」へ

（1）予想を超えて展開した活動

　このようにして継続的に観察に通い，子どもたちのかわいさを先生方と共有しながら楽しんでいくうちに，「ねえ，見て見て，こんなことがあったのよ」と思わず誰かに伝えたくなるエピソードを発見することが多くなってきました。次第に，「見る」というより「見えてきた」のです。子どもの遊びをきちんとじっくり見ていると，実にいろいろなことが起きて，子どもの真実性のようなものを「見せてもらえる」のだなぁ，と実感したのです。それは，ひとつの遊びが，長く続き，びっくりするような展開を見せた次のエピソードがきっかけです。

Episode 1：「ぬたくり」の活動から予想外の展開へ

　まこと君といずみちゃんがテラスで絵の具のぬたくりをしている（Scene 1）。夢中になって何枚も何枚も大きな画用紙に筆でぬりつぶすようにしている。身体全体を使って筆を動かし，時には両手にそれぞれ絵筆を持ち，ひたすら「ぬる」ことに没頭している。するとそこへ，ひかる君がカセットデッキを持ってテラスに出てきた（Scene 2）。ぬたくりの様子を見に来たのだ。カセットデッキから，リズミカルな音楽が聞こえて来ると，いずみちゃんとまこと君の筆の動きが音楽に合ってくる。まるで，絵筆のダンスのようだ。しばらくして，テラスのむこう端で年長女児が並んでチアダンスを始めると，2人は筆を持ったまま，じっとそれを食い入るように見つめている（Scene 3）。その後，2人は再びぬたくりを楽しむ。

（ここまで 2 人のぬたくりを中心に観察を続けていましたが，ひとりの女児が，自分のぬたくりをした四つ切画用紙を手で破き，窓ガラスにそのまま貼りつけていることに気づきました。; Scene 4）。

Scene 1

Scene 2

Scene 3

Scene 4

Scene 5

Scene 1 テラスでぬたくりをしているまこと君といずみちゃん。
Scene 2 ひかる君（中央後姿）が，カセットデッキを持って，テラスに出てきて音楽を鳴らしながらぬたくりの様子を見ている。
Scene 3 遠くで年長女児がチアダンスをする姿をじっと見つめるまこと君といずみちゃん（後姿）。
Scene 4 窓ガラスに女児が何やら貼っている（画面左上）。
Scene 5 窓ガラスにたくさんの紙が貼られている様子（室内から見た様子）。

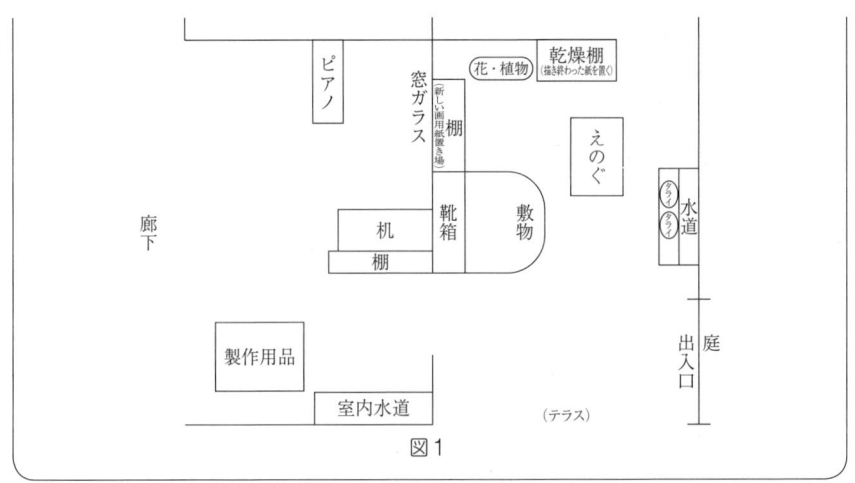

図1

　この一連のエピソードから多くのことを教えられました。まず「ぬたくり」に、"没頭しながら"も"音楽に合わせて筆が動き出す"姿や、"チアダンスの音楽が聞こえてくるとじっと見入る"姿から、子どもは周囲の情報をキャッチしながら活動しているのだということです。子どもの情報キャッチ能力は私の予想以上のものでした。特に音に関してそう感じました。また、年長児の姿に"筆を持ったままじっと見入ってしまう"という姿から、子どもが「見る」ということを、身体と心の全体で真剣に行っているということを教えられました。「目に入る」とか「ちらりと見る」程度とは異なり、3歳児にとって「見る」こと自体が「活動」なのだと他の場面ともあわせて気づかされました。さらに「ぬたくり」から「ちぎり絵」という、保育者が予想もしないもうひとつの活動（窓ガラスに紙を貼る）を子ども自身が生み出す過程に立ち合うことができました。

　見ている私も、思いがけない展開に「子どもって、こんなことを考えるんだ」と心が躍りました。保育者が準備し予想した活動を、子ども自身がはるかに超えて新たな活動を生み出す様子を、楽しみながら見ることができました（ただし、この時は、バッテリー残量が不足し、途中でバッテリーを替えたために映像が一部途切れているのが残念です）。

（2）後から詳細に見直して気づいたこと——ビデオならではの発見

このビデオのエピソードがとてもおもしろかったので，何度も繰り返し詳細に見直しました。そのなかでいくつかの発見がありました。

1つ目の発見は，3歳児の女の子が「どうしたら紙がガラスに貼り付くのか」を実際にやって見せて教え，教えられたまこと君がその通り繰り返し実行している姿を発見したことです。3歳児でも，このように遊びの方法を個人的に動作をともなって教えていることがわかりました。

少し詳しく説明すると以下のようになります。最初，まこと君は画用紙をわざわざ濡らさなくても貼り付けることができていました。それは，ほかの子が濡れた紙を貼った上から自分の紙をちぎって貼っていたからです。ところが今まで貼れていたのに途中から急にはがれてしまうようになりました。だんだんガラスに貼られた紙やちぎって貼ろうとする紙が乾燥してきたことや，何も貼られていないガラス面に新たに乾いている紙を貼り付けようとするからです。押さえた手を放すとすぐにはがれ落ちてしまいます。押し付けてははがれ落ちてしまうことを繰り返しているまこと君の隣にいた女の子（この子が，最初に窓ガラスに濡れた紙が付くことを発見しやり始めた）がそのことに気づき，まこと君に何か言葉をかけた後，画用紙を持って台を下り，水場のタライの水中に画用紙を両手で広げてたっぷり浸し，それを持って台に戻り，ちぎって貼ることをやって見せます。その様子を台の上からじっと見ていたまこと君が，まったく同じようなテンポで，画用紙を持つ手の角度まで同じようにして真似て濡らし，今度はガラスに貼り付けられたのです。やり方を真似るということは，単に動作手順を真似ることではなく，テンポも含めてなのでしょう。

2つ目の発見は，ある程度満足したと思われる頃，まこと君が窓ガラスに貼っている紙を押さえながら，その紙片と紙片の隙間から，じっと保育室のなかをのぞいていたことです（写真7）。保育室のなかでは数人の男児が音楽を

＊4　この時期のビデオ撮影機は本体重量も重かったが，バッテリーも大きく重く，しかも，現在と違って長時間の使用が難しかった。そのためこの日も予備バッテリーをポケットに入れながら撮影していた。

かけながらボールを持ち，それぞれ自由に踊っています。みな笑顔で楽しそうにしています。まこと君が窓ガラスの貼り絵をおしまいにして，着替え，その後絵の具で汚れたスモック入りのビニール袋をボールのように扱いながら踊る仲間に加わったのは，この「のぞいた」ことがつながっていると思われます。子どもが，今行っている活動だけでなく，周囲の人や物，楽しさなどに敏感に反応し，情報を得て行動していることを教えられました。

写真7
まこと君が，ガラスに貼った紙の隙間から室内の遊びの様子をのぞきこんでいる。

　ビデオで子どもの遊ぶ姿を撮影する（見る）時にも，その場の活動だけではなく，周囲の遊びとの関連にも気を配りながら撮影する（見る）ことの重要性に気づかされました。特に，関連のない（と思われる）人や，新たな物，との"接触の際"には逃さず注意深く見る（撮影する）ように心がけることが大切だと気づかされました。例えば，積み木遊びの様子を違う遊びから何気なく見ている子どもが，後で同じような物の使い方をすることがあります。また，走って通りかかった時に，一瞬ですがある遊びの様子を見て通り過ぎ，少し走って行ってからUターンして戻り，「入れて」と遊びに入る，などといった事例も多く見つけることができました。異なるグループの子ども同士が近くを"すれ違う"などの場面は特に注意深く捉えるようになりました。すれ違うその瞬間に見せる表情や身体の変化が多くを物語ることが多いからです。

　3つ目の発見は，3歳児が自分の作品（窓ガラスに貼った紙を怪獣に見立て，保育者にそのことを告げていた）を，確かめる（味わう）ことをしているという発見です（写真8）。

　テラスでの絵の具関連の活動を終えると，まこと君は保育室に入ってきます。最初に向かったのは先ほど紙を貼ったガラスの反対側です。貼り絵を指さして女の子（少し前に，画用紙を水に濡らすことを教えてくれた）に何か言い，絵の

写真8
室内からガラスを見上げて確かめている姿。

具で汚れた顔に満足そうな表情を浮かべ，近くのストーブの前にくつろいで温まるのです。女の子はまるで貼り絵の怪獣に向かっていくように大きな口をあけて「がおー」と吠えています。彼女は，窓ガラスの貼り絵を最初から「見て。怪獣よ」と担任の先生に自慢しています。怪獣のつもりで貼ったのですから当然の動きかもしれません。3歳児でも，作品を賞味することができる，賞味して満足感を感じることができる，ということを見せてもらいました。

このように，ビデオを詳細に見直すことで見えてくる新たな発見や驚きがあり，そこに見えてくる子どもの世界がありました。

この活動には，さらに続きがあります。貼り絵の活動を終えたまこと君が今度は担任保育者にスモックを脱がせてもらい，そのスモックを持ち帰るためにビニールの袋に入れてもらいます。担任保育者は「ポン，ポン，ポン」と言いながらボールを弾ませるような扱い方でそのビニール袋を手渡します。まこと君は手渡されたビニール袋をうれしそうに持ち，ボールのように投げあげては両手で受け取ることをして遊びます（写真9）。

さらにその後，まこと君は突然に（と，私には思えた），製作材料の置いてある机の所でいろいろな紙を無造作に（と，見えた）何枚もクシャクシャに丸めるのです。「もったいないなぁ」と思いながら見ていると，それを今度は近くにあったビニール袋に詰め，苦労しながら時間をかけてセロテープで口を閉じ，それを持ってままごとコーナーにいる女児に「見て見て」と見せに行き，自分のボールは色がついている，と自慢するのです。確かに保育者から受け取ったビニール袋のボールは中身がスモックですからベージュ色ですが，まこと君が作ったボールはカラフルな紙の色が透けて見えます。

ここまで来て，「もったいない」「無駄な」と思われた活動が，「意図のあ

る」目的をもった活動であることがわかりました。子どものすごさを見せつけられた気がします。大人から見るとどんなに意味のなさそうな活動でも、子どもが夢中になって取り組んでいる活動には必ず意味がある、意味が見えないのはこちらに原因がある、と心の底から納得できたように思います。

写真9
遊び着の入ったビニール袋をボールのように投げあげて遊ぶ女児とまこと君。

このような一連のエピソードとの出会いがあり、私のなかで、ビデオは「撮影する」「見る」ものではなく、「見せてもらう」「見えてくる」ものに変わっていきました。つまり、「何を撮影しようか」「何を見ようか」というより、子どもの生活世界をできるだけ邪魔しないようにしながら、謙虚な姿勢で撮影させてもらうのです。「お邪魔します。失礼します。みなさんの遊びの様子を見せてくださいね」というような思いで撮影するということです。子どもや保育者が生きて活動する状況をできるだけ同じ感性で生きるようにすることでもあります。

さらに、撮影(観察)は案外体力や気力が要求され、疲れることで、集中していないと見逃すことが多くあると思わされました。個人的な感想ですが、やはり、緊張を伴う撮影(=観察)の限界は2～3時間ではないかとこんなことからも感じました。

以上のように、私が「なぜビデオ記録を用いるようになったか」は偶然から始まり、継続的に観察し保育者の方々と話し合ったなかでの発見が私をさらにビデオの魅力や保育の魅力へと惹きつけた結果です。初めから、これは有用な方法であると確信していたわけでもなく、ビデオを使って新たな「研究」をしようと思っていたわけでもありません。

I
映像で保育を振り返る

Chapter 1

保育の振り返りにおける
ビデオの有効性

Chapter 1　保育の振り返りにおけるビデオの有効性

1 | 映像で保育を振り返ることの大切さ

　いま，社会全体から"保育の質の向上"や"保育者の質の向上"が求められています。子どもと日々直接かかわる保育者自身の保育力の向上はもちろんのこと，幼稚園や保育所などの組織全体としての保育力の向上が求められています。幼稚園だけでなく保育所においても，より質の高い保育を提供することを目指した園内研修や保育者個人の研修欲求は今まで以上に強くなっているようです。あるいは日々の保育に忙殺され「研修」どころではないという実態の園もあります。つまり二極化されている現状なのかもしれません。実際はともあれ，少なくとも研修が重要だと「認識」されるようになったのは，保育所保育指針第7章において保育士の研修や保育所長の責任が明確に示されたこともきっかけのひとつかもしれません。質の高い保育・幼児教育を子どもたちに受けさせることが，将来の社会作りに欠かせないという認識が世界的に広まってきたことがあるのかもしれません。そして，質の高い保育・幼児教育には保育者一人ひとりの専門的力量の向上が必須であり，それには園内研修が非常に重要であることに異論はないでしょう。しかし，園内研修をどのように進めたらよいのか，その方法論を探しあぐねている現場や，講師に依存し保育の問題点や改善の視点を講師から与えられ教えられるのを待つような受け身の状況もないとは言えないようです。あるいは，マニュアル通りにチェックし，いわゆるPDCAを重ねていけば質が高まると考えられているような状況も見られるようです。もともと品質管理や業務管理のための評価に用いられてきたPDCAですが，目標設定・計画（Plan），具体的行動（Do），確認・途中評価（Check），必要に応じた修正，改善（Action），さらに新たな目標設定へとめぐるサイクルのなかで，大事なことを見失ってはならないと思います。それは，結果にはあらわれない過程のなかにこそあるもの，目標から外れているが思いがけずに広がりや豊かさをもたらした子どもの姿，きれいには進まないジグザグとしたたどり方，そしてそれらを省察し子どもと共に味わっていこうとする保育者の

鑑賞的な姿勢などです。

　保育後，まだ身体に子どもたちとのかかわりの興奮やぬくもりの余韻が残っているなかで，ひとり静かに今日の保育をたどりながらその時の自分の気持ちや行為を振り返り，そのことを記録に留め，深く反芻し考える「省察」を抜きにしては，保育者の力量は向上しないでしょう。私たち保育者はずっと昔からそのような「振り返り」を大切にしながら，子どもを見る目を育て，保育者としての力量を向上させてきたはずです。

　保育者は二度と再現できない保育の姿をどのようにして捉えようとしてきたのでしょうか。私自身も，ビデオ記録以外にも文字記録（行動描写記録，エピソード記録など），写真，音声記録，チェックリスト，子どもの作品，その他いろいろな方法や機器を駆使してきました。そのなかでも映像を使った集団で行う省察（ビデオカンファレンス）が保育者にとって，とても学ぶことの多い魅力的な方法だと気づきました。保育は身体行為という側面をもっています。通常，人は自分の身体を自分で見ることはできません。つまり身体行為である保育を自分の目で見て確かめるには映像を利用するしかないのです。映像を利用して自分の保育を何度も見つめ直してみることによって，自分の「思い込み」や「つもり」を再検討することができるのです。「本当に，そこで何が起きていたのか」「私は（保育者は），実際には，何をどう行っていたのか」「子どもはどうだったのか」に迫るための方法としてビデオが有効だと気づいたのです。

　A幼稚園でのビデオを使った園内研究会（研究テーマは「人間関係を育む」）でこんなことがありました。12月の誕生会で最後に全クラスが一緒になってクリスマスソングのダンスをする時のことです。ダンスは2人1組になって行う曲でした。司会者が「2人組になりましょう」と声をかけると，4歳児，5歳児の合計100名超の子どもたちがそれぞれ相手を見つけようと動き出します。そのなかでひとりの女児さや子ちゃんの動きが気になりました。なかなか相手が見つけられず，やっと見つけたと思ったら相手が移動してしまい，その後は担任の後ろをついて歩くのです。このような場面は特に珍しいものではありませんし，数分後には担任保育者や他クラスの保育者がさや子ちゃんに声をかけ，

さや子ちゃんは保育者の援助を受けながらペアを組んでダンスをすることができました。保育後の研究会開始前の雑談で，私が不安そうだった女の子の様子を話すと，「さや子ちゃんのことかしら」と保育者のひとりが答えます。その場にいた担任が「それは違う子ではないか。さや子ちゃんは特にあのような（不特定多数のなかからひとりを選んでペアになる）場面が苦手なので，私が援助してすぐにペアが組めたから」と言い，他の保育者もすぐに「そうそう，私もその場面は確認しました。すぐに相手が見つかって……」と意見がまったく一致します。「それではちょっと見てみよう」ということになり，ビデオを確かめるとやはりさや子ちゃんであったことが確認されました。

このエピソードで「担任がいかに子どもの動きを見ていないか」と保育者の援助を批判的に指摘しようとは思いません。広い遊戯室で多くの子どもが一斉に動き出す時には必ずといっていいほど起きることです。むしろこの園の保育者たちはかなり早い時間でさや子ちゃんの状況を把握し必要な援助を行っています。それは日頃から，さや子ちゃんがこのような対人関係にかかわる行動場面を不安に思い援助が必要なことを把握し，気にかけていたからでしょう。年度初めにもこの園の研究テーマとの関係から特に気になる子どもとしてさや子ちゃんの名前が挙がっていました。

そのようなさや子ちゃんであっても，2人の保育者たちは異口同音に「さや子ちゃんは早い時期にペアを組めた」と語っています。ここに保育者による保育の振り返りの特徴が垣間見えます。つまり保育者による振り返りは，保育中の「印象に残る場面」がピックアップされやすいということです。保育者自身のその時に心に深く残った場面も尊重しつつ，印象に残らなかった場面や意識しなかった場面の意味を解き明かしていこうとする時，ビデオを使って，ほかの保育者や実践にかかわる人々と話し合うことが重要だということを教えられます。

しかし，このようなビデオカンファレンスも良いことばかりではありません。保育を映像に記録し，それを見直しながら，もう過去になっている（終わってしまった）自分の保育行為を検討するということは，当事者である保育者に

とってある種のつらさをともなうものです。当然ですが完璧ではない自分の保育を見せつけられることはつらいものです。では，保育者はその「つらさ」から逃げてよいのでしょうか。終わってしまった保育について，今更何を言われても変えようがないと思うかもしれません。しかし「振り返り」は明日からの保育につながるためのものです。過去を見ながら，未来の保育を創ろうとするものだと思います。「人間が人間の子どもを保育する」のですから，完全無欠であるはずがありません。しかし，子どもを保育する者の責務として謙虚に自分をより良い保育者にしていこうとする姿勢は必要だと考えます。今日の保育が子どもにとって十分ではなかったかもしれないけれど，今よりもさらに良い保育を求めていこうとする姿勢。そのような姿勢をもち続けることによって，完全ではなかった不十分なところがあった保育を，そのような保育をしてしまった保育者である私を，子どもたちは"許して"くれるような気がします。いや，許してもらうしかないのが保育なのではないでしょうか。ある種の「つらさ」をともなうことが多い「映像による振り返り」では，仲間同士の厳しいけれど温かな気持ちが不可欠です。同じ保育者としての地平に立ち，楽しさや喜びやしんどさを共感する姿勢が必要です。

　また，保育を記録した映像は，当事者が行った保育"そのもの"ではないと思います。当事者としての気持ちの動き，その場の空気，子どもとの気持ちのやりとりや緊張感など，その瞬間にその場でしか感じられないことが映像では落とされています。その時の担任保育者だけが感じ背負っているものもあるはずです。ですから，映像で保育を振り返り検討する時には，映像がすべてではないという気持ちをどこかにもちながら，映像を材料にしながら保育を想像し感じ取るような姿勢でいること，そのような感性が大切だと思います。

2　ビデオ記録の特徴

　多くの保育者が文字記録を用いながら自分の保育を検討し，子ども理解を深め，次の保育の構想に役立ててきました。ビデオという機器を活用し文字記録

にはない映像記録の特徴を生かして工夫しながら，さらに保育の質の向上に役立てられたらよいと考えます。文字記録と異なるビデオ記録の特徴とはどのようなことでしょうか。以下に整理して述べたいと思います。

(1) 圧倒的に多い情報量

　ビデオ記録はしばしば「見るたびに発見がある」と言われますが，それは文字記録に比べて圧倒的に情報量が多いので，多様な視点からの見直しが可能だということです。例えば，最初は子どもに注目して，その後保育者の援助に注目して，その後は物的環境の変化に注目して見ていくなど，注目点をいろいろ変えて繰り返し見ることが可能です。また，保育の複雑な状況が一目瞭然になることがあり，文字記録に比べて状況を理解しやすいと言えます。ある活動（ある子ども）がその後（その前）にどうだったのか，ほかの活動（ほかの子ども）とどのようなかかわりがあったのかなど保育の全体状況と関連させながらその場で起きていることを考察することがより可能になります。

　4歳児の「アスレチックごっこ」を撮ったビデオで，最初の頃はある子どもに焦点を当てて見直し，その後はその場に参加しているほかの子どもたちに焦点を当てて見直していきました。何回も繰り返して見ていくうちに，画面の端に映っている靴の向きだけからその子どもの動きがわかり，置かれた物の変化や画面をチラリと横切る姿などを総合して，時系列と空間配置で整理し，とうとうクラス全体の子どもが何をしていたのかがある程度把握できたことがあります。このようにビデオの情報量は非常に多いため，たったひとつの活動場面を記録したビデオからクラス全体の子どもの活動の姿を捉えることも可能なのです。ただし，ズーム・インばかりの撮影では難しくなります。

(2) 撮影者の意図を超える情報

　情報量が多いだけではなく，撮影者が記録しよう（撮ろう）と思っていなかった情報も記録（撮影）されるという特徴があります。つまり撮影者の意図を超える情報が多く記録される可能性があり，ビデオ撮影者とは異なる解釈，

異なる視点からの解釈の可能性が開かれやすいと言えます。これは文字記録と明確な違いがあります。例えば，保育室のなかで，製作場面を撮影していても，そのビデオには，横切る子どもの姿や奥で積み木遊びをしている子どもの姿などが同時に記録されます。しかし，文字記録では，観察者（記録者）が記録しようと意図し焦点化した「製作場面」に限られます。

　ビデオも，どの場面にカメラを向けるのか，どのタイミングで何にズーム・インするかなど撮影者の主観からまぬがれることはできません。しかし，その主観性や恣意性を文字記録よりも軽減させる可能性が高いのがビデオだと考えます。もちろんこの特徴が十分に生かされるような撮影上の配慮もあります。この点については後の Chapter 4 で具体的に例示しています。

（3）再生方法を"変化"させて見直すことができる情報
　ビデオ映像は，機器の再生機能を活用することで，子どもの動きや保育の流れを実際に流れた時間や順序とは別のものに変えて再現することができるという特徴をもっています。時間の流れや順番を意識的に変化させることで，それまで見えなかったことが見えたり，違う見え方ができたりします。スロー再生や超スロー再生，高速再生，消音再生などにより，視覚的・聴覚的な制約を緩めたり遮断したりして，日ごろ気づきにくいことを発見することができます。例えば，音を消してビデオを見ることによって，私たちは日常の保育中よりもはるかに子どもの身体や視線に注目しその意味を捉えようとします。超スロー再生によって，日常では見ることができないような視線の動き，表情の変化を捉え新たな意味を発見することができます。この点については，後の Chapter 5 で具体的にその危険性についても含め例示しています。

（4）文字記録のような「語り口」に左右されない情報
　「チラリ」と見たのか，「パッ」と見たのか，「じろり」と見たのかなど「語り口に左右されない」記録というのもビデオ記録の特徴です。私もかつて行動描写法での観察記録を訓練したことがあります。書く時に，自分の主観をでき

るだけ排除しながら読み手がその場で一緒に見ているように伝わるような詳しい描写記録を書くことに苦労しました。子どもの行動変化に手書きのスピードが追いつかず後から書き留めた要点と要点の間を忘れないうちに埋めていく作業を繰り返しました。その際，自分の貧しい語彙のなかからいかにしてその場面にふさわしい言葉を選び取るのか悩みました。何度も言葉を選び直すうちに初めに書きたかった状況が変化してしまったり，その逆に伝えたかった状況が言葉によって納得がいくように伝えられたりしたものです。ドキュメンタリー作家の書き方に興味をもち真似ようとした時期もありました。ひとつの場面をどのように言葉で表現するか試行錯誤の連続です。冒頭に書いたように，言葉ひとつの使い方で読み手に異なる印象を与えるのが文字記録です。しかし，ビデオでは極端にズーム・インやズーム・アウトをせず，自分が保育をしている時のようにできるだけ自然に子どもたちの姿をカメラの視野に収めるようにして，あとは子どもの内面やできごとの意味などを感じたり考えたりすることに集中できます。文字記録よりも，子どもや保育者と感性的に同じ状況を生きることがしやすいのではないでしょうか。もちろん「語り口」と同様「撮り口」もあるのでしょうが，文字記録ほどの影響力はないように思っています。今後の検討課題かもしれません。

（5）身体，時間，テンポなどを捉えられる情報

　保育は保育者と子どもの表現の交わし合いであると言われます。保育者は自分のその子に対する思いや願いや価値観を様々な方法で伝えていきます。ねらいを含ませた環境を構成することもそうですが，保育を観察していると子どもにとって保育者の身体が発するメッセージはとても強いことがわかります。手を繋ぐ，抱く，子どもの肩に手を置く，保育者がせかせかと動き回る，自信なく視線が泳ぐ……。どれも子どもにとって愛情や不安などを敏感に受け止め感じ取るものです。大柄な保育者が床に座る子どもの前面で両足を広げ「立ちはだかる」，腕組みをしながら話す，なども保育者が意図せず子どもに威圧感を与えているものです。声もそうです。呼びかける声の温かな調子，言葉の明瞭

さ，抑揚やテンポ。時にはなんとか伝えようとする"必死な思い"が伝わってくる「呼びかけ」もあります。保育者のことだけではありません。ケンカが始まったその瞬間に，まるで潮がひくように周囲から話し声や物音が消え，漂う沈黙。その沈黙のなかに息をひそめてケンカのなりゆきを注目している子どもの気持ちが見えるようです。「困ったな」「また始まった」「どうなるのかな」「いやだな」などのつぶやきが聞こえてくるような「静寂」です。ケンカ以前の活気と比較するとその違いが雄弁に語ります。このような，保育の核心とも言える身体や音，声の調子，テンポ，呼吸などが，ビデオでは捉えられます。考察の対象として取り上げることができるのです。

(6) その場にいなかった保育者と臨場感をもって共有できる情報

　保育所や幼稚園の保育者の方々とお話しすると，なごやかな良い人間関係で協力し合って保育をしている園でも，隣のクラスの子どもの顔と名前が一致しないとおっしゃる方は少なくありません。特別に目立つ子ども以外は案外わからないことがあるようです。そのような時，保育ビデオを一緒に見ることで，その担任の苦労や悩みや喜びを，臨場感をもって感じ共有することができるのではないでしょうか。そのクラス（保育者）の問題を一緒に考え，自分たちの問題とすることができます。例えば，いつも静かに目立たないしず子ちゃんの存在をビデオで知った隣のクラスの担任が，庭や廊下で見かけると声をかけたり，遊ぶ様子を担任と話したりするようになりました。今まで庭や廊下で「見かける」ことはあっても「出会う」ことがなかったと言えるでしょう。このように，保育のビデオを一緒に見ることが，私（あなた）の保育が私たちの保育になっていくきっかけとなります。

　なかには「我が園は，保育者全員で全員の子どもを保育しています。クラスの壁なんてありません」とか「小規模の園なので，保育者たちは全員の子どもの顔と名前，性格や家庭状況まで把握しています」とおっしゃる園もあります。しかし保育をしていく時，常に全員の子どもたちとかかわったり，見届けたりすることは不可能でしょう。自分の知らないところでほかの保育者と遊んだり

自分の知らない姿を見せたりしていることは当然ありますし，そのことが子どもの成長にとって必要な場合さえあります。保育は保育者にとって「その子のすべてを把握できないことを受け入れる」「（その子のことについての）わからなさを自覚しつつ，なお（その子を）知りたいと願い知ろうとする」営みでもあります。保育者同士が話し合ったり記録を交換したりして協働し子どもの実相に迫ることが必要です。ビデオはそれをより具体的に行えるようにしてくれます。個人の「省察」を「共同省察」にし「私（あなた）の保育」を「私たちの保育」へとつなげる方法として有効だと考えます。もちろんこれは，同じ園で働く保育者だけではなく，ほかの園の保育者との間にも言えることです。

　以上，ビデオの特徴や保育の振り返りに有効な点を述べてきました。しかし，繰り返しになりますが，これらの特徴は保育の振り返りにとって良いことばかりではありません。気をつけなければならない点もあります。例えば，極端な言い方ですが編集に編集を重ねれば，まったく異なるストーリーのエピソードビデオを作ることもできます。「嘘もつける」と思われるほど現代の再生機器の編集機能は進歩しています。また情報量が多く臨場感もありますが，次の章で述べるように，同じ場面を見ても注目点や意味づけが見る者によって大きく異なったり，理解・解釈が変化したりします。これは欠点として考えるよりビデオのもつ「可能性」として考えたいと思います。

Chapter 2

映像のいろいろな見方と解釈の変化

Chapter 2　映像のいろいろな見方と解釈の変化

　ビデオカンファレンスの参加者が，同じ場面の映像を見ているにもかかわらずまったく感想が異なったり，注目点が異なったりすることが多々あります。それぞれの保育観や子ども観，価値観あるいは保育者自身がどのような環境条件で保育を行っているかによって様々な意味づけがなされるのです。また，異なる専門性をもった人間がビデオを見て話し合ったり，ビデオを巻き戻して（さかのぼって，詳しく）見たり，スローなコマ送りにして見たり，ズームアップにした画面で見たりすることによって，見え方（捉える意味）が変化していくこともあります。ここではそのことについて，エピソードを通して述べたいと思います。

1　注目点がそれぞれ異なる

（1）場面を切り出したからこそ際立つ注目点の違い

　Episode 2-1 は4歳児のつよし君が園庭の遊具に取りつけられたロープを綱渡りのようにして渡り，成功の喜びを味わえたエピソードです。

Episode 2-1：綱渡り

　園庭の遊具に張られたロープを使って子どもたちがそれぞれ遊び始めた（Scene 1）。仲良しと一緒に冒険旅行のイメージで綱を渡る3人の女児。自分は綱を渡らず，中央に箱を置いて休み場を作る男の子。ひたすら落ちないようにしてゴールを目指す子どもたち。つよし君も懸命にぶら下がるがなかなか先に進めない。上方の揺れる綱につかまりながら足元の揺れる綱の上を進むのは難しい。誰かが「落ちたら一番後ろに並ぶんだよ」と言うと，「いいの。そのままで」と自分が早くゴールしたい気持ちを優先させる子もいる。そのなかでつよし君だけは，落ちた時に一番後ろに並び直している（この後，ビデオはほかの遊びを撮影する）。

　ひと遊びして綱の所からみんながいなくなった頃，つよし君がたったひとりで再び慎重に渡り始めた（Scene 2）。最初のうちは無言で，綱の揺れに身体を揺さぶられながら慎重に渡っている。そこへひとりの女の子が通りかかる。つよし君はその女の子に聞こえることを意識したのか，急に大きな声をはりあげて「がんばるぞ。落ちないように，がんばるぞ。揺れても落ちないようにがんばるぞ」と言う。その言葉に気づいたのか，その女の子は通り過ぎようとした歩みを止め，振り返ってつよし君のことをじっと見る。つよし君は「がんばるぞ。揺れても落ちないように……」を繰り返して言う。

Ⅰ　映像で保育を振り返る

　すると、スタート地点にいた男の子が、ロープを揺らし始めた。揺れに気づいたつよし君は「やめて。揺らさないで」と必死の表情で何度も叫び（Scene 3）、落ちないように綱を強く握りしめる（Scene 4）。そのうちロープの揺れは収まった。なんとかゴールのジャングルジムに片足をかけ、ついにジャングルジムに立って「やったー」と大きな声で叫びながら右手を高く突き上げ、喜びを表す（Scene 5）。

Scene 1　子どもたちが綱を渡っていこうとしている。
Scene 2　つよし君が慎重に渡り始めた。
Scene 3　つよし君は「やめて。揺らさないで」と必死で何度も叫ぶ。
Scene 4　あと少しでゴール。綱を強く握る。
Scene 5　とうとうゴールに到達。満面の笑顔。

このわずか5〜6分の，単純とも言えるストーリーのビデオを基に，保育者同士で話し合うと，注目する点がそれぞれ異なり大変興味深い結果となりました。いくつかを例に挙げます。

①つよし君の「苦労」に注目する。子どもが「こんなにがんばっている」ことに感激する。楽しそうな遊びの姿の陰に苦労のあることを，考える。

②つよし君の真面目な性格に注目する。ロープから落ちた時，一番後ろに並び直している姿＝ルールをきちんと守っている姿に感心する。

③つよし君の必死さに「共感」する。成功の喜びに「共感」する（ラストシーンでは，参加者から拍手や歓声が聞かれることもある）。

④つよし君以外の登場人物に注目する。例えば，ロープを揺らした子，近づいて見ていた女の子，何度も登場する3人の女の子など。

⑤園環境等の「安全・危険」に注目する。例えば，「ロープを園庭に張るのは危険ではないか（我が園では許されない）」などといった意見。

⑥子どもの安全や「保育者の責務」に注目する。例えば，「先生はどこにいるのか，このような活動を子どもだけでさせてよいのか（子どものすぐそばにいるべきである，危険である）」などといった意見。

さらに，途中でロープを揺らして，日頃穏やかなつよし君に「揺らさないで，揺らさないで」と必死に叫ばせた男の子の存在についても大きく意見が異なりました。男の子がロープを揺らした場面を①「子どもって，こういうことするのよね」とおおらかに見ている保育者や（多くの場合，揺らす場面では会場に笑いが起きます），②「それで，つよし君はどのように対応するのかしら」と子どもなりの解決方法に注目したり，③「がんばれ」と応援する気持ちになったりする保育者がいる一方，④「つよし君のロープを滑り台の上から大きく揺らした男の子に対してきっちり指導するべきではないか」「人がやろうとしている遊びを邪魔するというのはけしからん。また危険である」という意見も聞かれます。

ある研修会で，④の意見に対して，「この遊びでおもしろいところは，揺れるところではないだろうか。つよし君自身が『揺れても落ちないように頑張る

ぞ』と自ら周囲に宣言している。また，ビデオの前半部分で，多くの子どもが乗っているロープを揺らすことを楽しむ子どもの姿や揺らされることを楽しむ子どもがたくさんいた。つまり，この遊びのおもしろさは揺れるところにあるのではないか」「つよし君自身が大きな声で『揺れても落ちないように頑張る』と宣言していることに対して反応したのではないか」と主張する保育者もいました。さらに別の研修会では「私は，ロープを使ったこのような遊びが子どもの時から大好きで，大人になった今でももしその場にいたら絶対に揺らしたくなります。子どもならきっと揺らしたくなるのではないでしょうか」と子どもの気持ちから発言する保育者もいました。

「担任保育者はどこにいるのか」という疑問（注目点）に関してですが，このエピソードの担任の先生はビデオの画面外ではありますが，すぐ近くではかの子どもとかかわったり，綱渡りの様子を見守ったりしていました。この活動の流れを最初から見ていくと当然ですが保育者がかかわる場面があり，担任だけでなくそのほかの保育者も子どもたちにかかわる姿が映像に記録されています。しかし，事例として一部を切り取って，この数分間の場面だけをお見せしているので⑥のような誤解が生まれやすいと言えます。保育の一部を切り取って見て検討するということ自体がもっている限界なのでしょう。

また，園の同僚同士が話し合う場合とは異なり，この園が置かれた環境条件のなかで，日頃あまり身体を動かさない子どもたちが狭い庭のなかでも身体を動かせるようにするためにと先生方が研究を重ね，安全を配慮しながら遊具に綱を張った，という背景が抜きにされて⑤のような意見が語られます。だからこそ，園内で話し合っている時には得られない新鮮な見方や刺激を受けられるとも言えます。

保育はいろいろな関係性のうえに成り立ち，近い過去・遠い過去からの流れの結果として現在の保育があります。その文脈を考慮せず，一部を切り取って保育を語ることは大変危険だということを肝に銘じておかなくてはならないでしょう。また，だからこそ，それぞれの参加者が日頃どのようなことに関心をもち注目しているのかがはっきりと表れたのではないでしょうか。ビデオ記録

に限らず文字記録などほかの記録，解釈にも言えることですが，特に映像の場合は限られた時間のなかで見る制約がありますし，見ている者にとってリアルな印象を強く与えるので，このことを忘れがちになってしまうようです。そのような危険性を回避するためにも，十分ではありませんがそこに至る経過を説明や資料で補うことが必要になります。

（2）その子との感情的なつながりによって異なる注目点

次の Episode 2-2 も見る人によって注目点が異なり意見が分かれました。ちょっとしたはずみで相手の男の子を泣かせてしまった4歳児のりょうや君が，「ごめんね」を言うまでの様子を捉えたエピソードです。

Episode 2-2：「ごめんね」までの心の動き

その日の朝は，クラス全体がなんだかウキウキそわそわした様子です。今日は誕生会。今まで毎月年長組が進行していた誕生会を初めて自分たちが任され，係り分担しながら進行する日です（なるほど。ウキウキするはずです）。りょうや君が1枚の画用紙を持って大きな声で読みながら保育室中を行進するように歩きまわり始めます。ビデオを撮っている私のところにくると，その紙を見せながら，「は・じ・め・の・こ・と・ば。ひろし君でしょ，ゆうちゃんでしょ，さとえちゃんにあきひろ君」「お誕生日のひと，でてきてください。あやちゃんでしょ，さえちゃんでしょ……。」「えんちょうせんせい，でてきてください。これ（自分の分担する係り名が書いてある部分を指で押さえながら）は，お・れ・さ・ま」と弾んだ声で得意げに教えてくれます。

うれしくてたまらないりょうや君の読み上げる声は何度も繰り返すうちに独特のリズムを帯び，だんだん歌のようになってきます。ちょっと調子の外れた自分流のメロディーをつけて，次々とテラスから登園してくる子どもたちに歌いかけていきます。「今日は楽しいね，誕生会だね。係りの仕事をやるんだよ」とみんなに呼びかけているようです。

突然テラスで悲鳴のような泣き声があがりました。同時に，りょうや君がテラスから室内に入ってきます。先程までとはまったく異なる顔つきで，足早に子どもたちの間を抜け私の脇を通り，まるで逃げるように廊下へ出ていきます。

「どうしたのだろう」と思って見ていると，りょうや君は廊下の途中でくるりと向きを変え，保育室に戻ってきました。今度は肩を落とし，うなだれて，テラスから離れた場所にある机の周囲を八の字を書くように歩きまわります。手の甲でしきりに涙をぬぐい，目をパチパチと瞬かせています（何が起きたのだろう。こんなにしょげて）。

I 映像で保育を振り返る

　一方，テラスで泣いているみきお君の周りにはたくさんの子どもが集まって心配しています。たったひとりでうろうろしながら涙をこらえるりょうや君の姿とは対照的です。「りょうや君が後ろから引っ掻いたんだよ」と担任の美子先生に説明する子，泣いているみきお君を慰める子，心配そうに見ている子などなど。美子先生はみきお君の首の様子を確認し，その子たちの話を受け止めながら「りょうや君にも何かわけがあったのかしらねー」とりょうや君にも聞こえるような大きさの声でその場の子どもたちに投げかけています。

　遠くから撮影している私のところに，れいこちゃんがきてこのトラブルの説明をしてくれます。どうやら，りょうや君が得意になって歌っていた歌を，登園してきたみきお君が「変な歌，やめて」と言い，それに反応したりょうや君が後ろから軽くみきお君をたたき，たまたまみきお君の首にあたり，引っ掻くことになった，ということです。

　一方，りょうや君は保育室の隅にある台の上に乗り，背中を壁にぴったりつけて，足をぶらぶらと動かし落ち着かない様子です。その表情，特に目がうつろな感じです。その前方に向かう視野の端には，泣いているみきお君をみんなで取り囲んで心配している光景が入っていると推測されます。

　やがてみきお君が美子先生に促されて保育室に入り，ピアノの脇で薬をつけてもらい（ちょっとした引っ掻き傷なので，簡単に消毒だけでした），かばんなどの持ち物の始末を始めようとしたその瞬間，りょうや君が素早くみきお君に駆け寄り耳元でささやき離れ去りました（みきお君に確認したら「ごめんね」と言ったそうです）。みきお君はすでに気持ちの切り替えが付いていたのか，キョトンとした表情で受け入れ，トラブルは解決したようです。

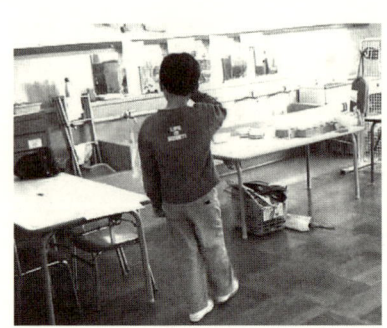

Scene 1
Scene 2

Scene 1　泣いている子を心配して集まる子どもたち。
Scene 2　べそをかいたような姿でしょんぼりするりょうや君。

このビデオを見て話し合いをした時のこと，泣いている男児の周りにはクラスのほとんどの子どもが集まり慰めている（Scene 1）一方，部屋の隅で身体を壁に押し付け足をぶらぶらさせて目が空を泳いでいるりょうや君に会場の多くの保育者は共感的な意見を多く寄せました。

　特にビデオの最後になって，自分から相手の男児の所に走り寄りその耳元に口を寄せて「ごめんね」と謝っている姿に対して，「担任しているとすぐに謝らせようとして声をかけてしまう。この担任のように，もう少し子どもの気持ちを信じて待ってやりたい」という意見が多く聞かれました。

　一方で，「はずみとはいえ，相手の子にケガ（りょうや君の手の爪が相手の首筋にかかり小さな引っ掻き傷をつけてしまった）をさせているのだから，しっかり指導をするべきだ」という意見も多く聞かれました。「担任として悪いことをしたら指導すべきである」という意見です（このエピソードも，担任の指導をどうすべきかについて考える時には，りょうや君自身の抱えている問題や今までの指導経過など大きな流れのなかで考えてみる必要があり，一部を切り取るビデオカンファレンスの限界を感じさせるものです）。

　ビデオのエピソードはこれまでのりょうや君と担任の関係や，りょうや君のたどってきた成長の道筋，そのほかのことを十分に参会者に伝えることはできません。そのような状況のなかですが，みんなで一緒に見て，このできごとをどんな視点で見るのか，それぞれの子どもの気持ちになってみる，保育全体がどのような関係の網の目で成り立っているか，どのような指導の可能性が考えられるかなどを考え合うことはできます。切り取られたビデオを見ながら保育について考えるということは，あくまでも限られた条件のなかで，という条件付きだということを頭のどこかに置いておくことは必要だと思います。

　また，特にこのクラスを継続して観察していた私は，りょうや君という男の子と次第に仲良くなり，彼の気持ちにのめりこんで撮影し，彼の気持ちを中心にこのエピソードを捉えていました。それに対して研修会では，参加者からりょうや君以外の子どもの気持ちからの意見も聞かれ，そのような意見は予想外のものでした。やはり，継続して撮っているうちに芽生えてくる「感情的な

つながり」が子どもを見る目に影響を与えているのだと気づかされました。

（3）見る人の保育観や環境条件に影響される注目点

　Episode 1（p. 13〜）で取り上げた3歳児の「ぬたくり」のビデオを見て話し合った時のことです。

　ある会場では、3歳児が園で初めて経験する絵の具活動がどのような経過で始まったのか、場面に出てくる子どものそれぞれの特徴や保育者のそれぞれに対する思い（ねらい）などが担任から説明され質疑応答された後、ビデオのなかの姿について話し合われました。3歳児の表現活動としての「ぬたくり」の大切さ、十分に満足するくらい経験できるようにする大切さ、画用紙の大きさや置き方、描いた後の始末など環境構成の重要さ、などの意見が聞かれました。

　別の会場では、「こんなに、画用紙をふんだんには使えない。公立幼稚園は財政的に豊かだ」「こんなに絵の具をたっぷり用意できない」「朝からずっと自由に遊んでいるのか。朝の集まりは？」「バスで登園する子はいないのか」「ほかの子は何をしているのか。こんなにバラバラなことをしていて担任は指導ができるのか」「わが園ではやりたくても、保護者が納得しない」などの意見が多く出ました。同じビデオを見てもそれぞれの保育者が実際に保育している条件が異なるので、見る視点が異なるのでしょう。保育観の違いも注目点の違いを生みます。

　視点が異なるだけではなく、時に「うらやましいが、こんな保育はうちではできない」「参考にならない」とビデオを見て何かを学ぼうとすることそのものを気持ちのうえで拒否してしまう場合さえあります。

　ビデオを見ながら、場面に出てくる遊具・用具にばかり目がいって「あれがほしい。あれがあれば……」と思う気持ちもわかります。それもビデオを見る意味のひとつでしょう。「いろいろな保育形態・保育方法を知る」ことにつながるのだと思います。つまり、自分のなかにいつのまにかできている保育観、保育とはこういうものであるという枠組みが揺さぶられることにつながるのでしょう。しかし、「だから、私たちは（このような）保育はできない」と思って

しまうのはどうでしょう。ビデオに映った保育が正しい良い保育ではありませんし，ビデオのような保育をしているのかどうかが参加者に問われているのではないのです。"ビデオを材料にして"「子どものものの見方や考え方，感じ方」に近づき，他の保育者と共通な部分や異なる部分を考え，自分たちの保育を見つめ直せればそれでよいと思うのです。保育は子どもや保育者や環境条件がそれぞれ異なるなかで，それらが複雑に絡み合って成り立っているのですから，もともと個性的，個別的なものであるはずです。比較するのはナンセンスでしょう。

また，特に長年保育をしている人はビデオを見ながらその周りで起きていることやクラス全体の動きが気になるようです。時々，ビデオに映っていないことばかりが話題になってしまうことがあります。そうなると，推測に推測を重ねることになり，ビデオ映像は話し合いの"きっかけ"に過ぎず，本来のビデオから学ぶことの良さが生かされないことになります。できるだけ，映像のなかの事実に基づいて話し合うほうがよいようです。

2 異なる視点が，新たな解釈を作っていく

Episode 2-3 は，5歳児あき子たちが，昼食後の時間にそれぞれ楽器を使って歌ったりメロディーを奏でたりしながら遊び，そのなかでトラブルになったり仲直りできたりしたエピソードの一部です。

Episode 2-3：楽器遊びをしている女児たちのトラブル

昼食後，ミュージックベルなど，楽器で遊ぶ子どもたちの姿があった（Scene 1）。あき子は机の上にミュージックベルを並べて「ドレミの歌」のメロディーを演奏しようとしている（Scene 2）。別の場所にいる2人の女児が「きらきら星」を楽しそうに演奏すると，「ん，もうっ」と不快そうな声をあげて振り返り，2人を睨みつけ，「心のなかで歌ってよ」と言って2人に歌声を出させないようにする。2人はあき子がミュージックベルを2本（2音分）しか貸してくれなかったので，足りない音を声で補っているのである。あき子は威圧的な言葉では足りないと思ったのか，わざわざ2人のところまで行き，自分の邪魔をしないように2人の女児に言う。その隙にあき子のそばにいた

しん子がベルをやろうとするが（Scene 3），あき子が戻ってきてベルは取り返される。

Scene 1
Scene 2 
Scene 3 

[Scene 1] 降園前のひととき，女児たちが楽器遊びを始めた。
[Scene 2] 机の上にベルを並べ，あき子は曲を演奏しようとしている（左奥）。
[Scene 3] あき子が席から離れると急いでしん子はベルに手を伸ばす。

(1) はじめの印象

　ここまでの一連のあき子の言動を見て，担任をはじめ園内の先生方やこのビデオを見た研究会のほとんどの参加者は「なんと自分中心な，勝手なあき子なのだろう」という感想に傾きました。エピソードの後半部分で，仲良く遊んでいた奥の2人のうちの1人にわざと内緒話をして，結果的にその2人に仲違いをさせている場面を見ると，ほとんど「困った子」としてあき子を見るようになりました。また，あき子が席を立って奥の2人のところに行くや否や，近くにいたしん子が急いでミュージックベルを演奏しようとしますが（Scene 3），戻ってきたあき子から言葉やさしく，しかし強引に取り返されてしまいます。あき子がほかのことに気を取られていたり，担任保育者が側にいたりする時に

も(担任はほかのことにかかわり,気づいていません)このような場面が繰り返されています。

このような姿に対して,研究会の参加者は,自分を主張せず何度も楽器に手を出しては,その度にあき子に取り返されるしん子に同情し,あき子像はますます「自分勝手な子,強引な子」になっていきました。

しかし,保育者養成校教員(それぞれの専門領域や背景が異なる4人)による別の研究会＊で,次のような指摘があり,あき子に対する印象が大きく変わったことがありました。

(2)「試行錯誤し没頭している」という見方への変化

「あき子は自分なりの音の出し方にこだわっている様子で,楽器を置く位置や持つ順番をシミュレーションするかのように何回も確認し,練習している。すぐに1曲通して演奏するわけではなく(ミュージックベルはハンドベルとは異なり,振るだけでなく,置いたまま柄を上から押す方法でも音が出るようになっているので),その場に置いて音を出したり,手に持って振って音を出したりしている様子を見ていると,自分のなかにやりたいこと(メロディー)の確固たるイメージがあって,それをどうすればできるか,試行錯誤しているように見える。このように,自分の音のイメージを表そうとして没頭している様子を見ると,……」と語り,あき子が没頭している姿に注目をひきつけました。音楽が専門の教員です。すると,それまでほかの場面で感じていた参加者のあき子像が変化してきました。

さらに,ほかの教員から「どうやったら上手く演奏できるだろうかと持ち方を工夫しているように見えた。ひとりでいくつかのベルを使って演奏し,ほかの子どもには使わせない様子から,……複数のベルを独占してしまっていると

＊ 専門の異なる4人の教員が,同じ保育ビデオを基にそれぞれの見方や解釈を交わし合うことを目的にした研究会。取り上げたエピソードについてのそれぞれの意見は次の研究紀要にまとめている。荒松礼乃・片川智子・岸井慶子・土田春恵『事例の読み合わせの面白さ』千葉明徳短期大学研究紀要, (27), 2006年, pp. 43-59.

思っていた。しかし，ひとりで試行錯誤しながら演奏している様子を見ると，はじめにベルを独占してしまっているように見えたあき子の行動が，ひとつの楽器に向かっている姿にも見えることに気づいた」という発言があり，「ひとつのことに夢中になり，試行錯誤しているあき子」という見方が生まれました。

(3) "ひとり占め"ではなく，"ひとつの楽器"を使おうとしている

また，「ベルは1音1音別々の楽器のようでいて，音が揃って1セットと見ることもできる。これでメロディーを演奏しようとすれば複数個が必要となる。そのためあき子のようにひとりで工夫しながらこの難しそうな演奏に挑戦すると，多くのベルを独占することになるだろう。全部ひとり占めにしているように見えるあき子の行為も，"ひとつの楽器"を使おうとしているだけと捉えることができるだろう」という見方も出てきました。

このように，12音階で1組である楽器としてのベルの特性に私たちが気づいたことをきっかけにして，「ひとり占めをする」あき子から「試行錯誤し没頭している」あき子へと，あき子を再理解しあき子への理解が変化しました。ひとつの場面（一連の行為）も，見方によってはまったく異なる理解になることがここでわかったのです。

そのほかにも，「子どもたちがベルを一列に並べる時，右から左に向かって音を高くしていた。……ピアノなど西洋からの鍵盤楽器はその逆で並んでいる」のように，子どものベルの並べ方（音階の並べ方）に注目した発言も聞かれました。また，バックに流れる曲によって，子どもたちの身体の動きや音のリズムが"弾まなくなっている"ことを指摘するなど音楽の専門家ならではの気づきを教えられました。

このように，それぞれ専門や問題意識や背景の異なる者同士がビデオを一場面ずつ細かくていねいに見て意見を聞き合うことによって，それぞれの理解が変わっていく，あるいは広がっていくことに気づかされました。

子どもの行為は見る側によって多様な解釈・意味づけがなされ，そのような解釈・意味づけを交わし合うことで変化していきます。ビデオを基にした話し

合い（ビデオカンファレンス）は，ビデオを見て参加者がただ自分の感想を述べることに意味があるのではなく，異なった視点をもった参加者がそれぞれの見方を出し合い，聞き合い，互いが自分の見方の枠を広げたり変化させたりするところにおもしろさや意味があると思われたエピソードです。

3 映像をさかのぼって見ることで新たな解釈が生まれる

（1）最後の泣き顔と笑顔の意味をさかのぼって理解する

　Episode 2-4 は，2年保育4歳児の6月末にあったできごとです。この時の撮影はこの時期のクラス全体の様子に注目したもので，まり子ちゃんを中心に撮っていたのではありません。しかし，降園前の集まり時にまり子ちゃんの泣き顔を発見し，そこからはまり子ちゃんに注目して撮りました。まり子ちゃんはすぐに笑顔を取り戻せたのですが，泣いた理由はわかりません。そこで，さかのぼってつぶさに"ビデオを見返す"ことにより，最後のまり子ちゃんの泣き顔の意味が理解できたエピソードです。

　　Episode 2-4-1〜Episode 2-4-6はビデオを見ながら捉えたこと，間の文章（話-1〜話-5）は保育後のビデオカンファレンスで話し合ったり発見したりした内容を示しています。写真の下に示したScene 1〜Scene 5の番号はビデオを見ながら発見した順番ではなくできごとが実際に起きた順番になっています。

　撮影者は，Scene 4でまり子ちゃんの泣いていることに気がつき，その後のScene 5の笑顔で安心し，保育後に何度も繰り返し見てScene 1〜Scene 3の場面に気づくことができました。

Episode 2-4-1：泣き顔の女の子を発見（撮影中）

　帰りがけの集まりの時に，女の子（まり子ちゃん）が後ろの席でべそをかいていた（Scene 4）。おとなしい物静かなタイプの女の子に見えた。

I　映像で保育を振り返る

Scene 4　集合時，後ろのほうで泣いている女児。その姿を振り返って見ている前列の女児。

Scene 4

話-1：なぜ泣いているのか誰もわからない

　保育後にビデオを見ながら，その日を振り返りました。「なぜ，泣いたのだろう」と全員が理由を知りたいと思いました。「まだ，園の生活に十分慣れていないのだろうか」「何か，悲しいことでもあったのだろうか？」と担任も私も思いました。その日，そのクラスで一緒に保育観察をしていたほかの数人の保育者も，まり子ちゃんが涙をぬぐう様子は見て気づきましたが，何があったのかはわかりませんでした。そこで，ビデオを巻き戻し，次のような姿を発見しました。

Episode 2-4-2：うろうろしているまり子ちゃん

　みんながそれぞれうがいを済ませ，椅子を持ってきて並び，先生に絵本を読んでもらうために集まってきている。そのなかで，まり子ちゃんが椅子を持って一番前をうろうろとしている（Scene 3）。

Scene 3　みんなが並んでいる一番前で，椅子を持ってうろうろしている。

Scene 3

50

話-2：席が見つからないから泣いた？

　Scene 3 のように「椅子を持ってうろうろしているまり子ちゃん」を見て、保育者たちから、「席が見つからないのだ」「そうか、集まりの時に席が見つからなかったのか」「遅れたことが嫌だったのだろうか」「誰か仲良しと並びたかったのだろうか。いや。まだそんなに仲良しの友達はいない」といった意見が出てきました。

　さらに映像の続きを見てみると次のような姿を見つけました。

Episode 2-4-3：隣に座らないで

　椅子を持って一番前をうろうろしたあと、まり子ちゃんは、一番前の列の端に行き、椅子を置いて座ろうとした。

　すると、一番端にいた女の子が大きな口を開けて「だめー、座らないでよ」と言いまり子ちゃんを睨みつけた。おまけに、まり子ちゃんが椅子を置こうとした場所に片足を広げて邪魔をしている。

話-3：座ろうとした場所を拒否されたから泣いた？

　保育者たちから、

　「そうか、邪魔をされて、それで仕方なく一番後ろに座って、べそをかいたのか」「だから、髪を結んだ女の子が振り返って見ているのだ。心配しているのだ」「『隣に座らないで』と邪魔した子は何とも思っていないのだろうか？鼻をいじっている」

など様々な意見が出始めました。

　ここで、まり子ちゃんの泣いていた理由がなんとなくわかった気がしました。しかし、さらに時間をさかのぼって巻き戻し繰り返し詳しく見ると、違う理由が見えてきました。

Episode 2-4-4：先生の真ん前で絵本を見たい

　うがいをしている子どもたちに向かって、先生が「絵本を読むから集まってね」と声をかけている。まり子ちゃんはさっさとうがいを済ませ、誰よりも早く、先生が絵本を読む場所の前（前列の中央）に椅子を持ってきて座っている（Scene 1）。

Ⅰ　映像で保育を振り返る

Scene1　ずいぶん早くから一番前に座っている。遅かったわけではない。

Scene1

話‐4：ずいぶん早くから座って待っている（席は見つかっていた）

　ここで，さらに保育者たちから，
　「こんなに早くから座っていたのか」「そういえば，このまり子ちゃんは絵本を読んでもらうのが大好きで，いつもそれを楽しみにしている」「この時も，先生が『絵本を読むから集まってね』と子どもたちに声をかけているのを聞いて，すぐに反応している」「だから一番前の，先生の真ん前に座って，始まるのを待っていたのだ」
といった，日ごろのまり子ちゃんの好きなことなどを考慮しながら，この日の行動を理解しようとする意見が出てきました。
　さらにビデオを詳しく見ると，

Episode 2-4-5：うろうろしていた本当の理由

　絵本が始まるのを楽しみに座って待っているところにほかの子たちが集まってきて，2列目3列目ができてきた時，まり子ちゃんは後ろからドンと突き飛ばされた。突き飛ばした男の子は，ちゃっかりと後ろから椅子を乗り越え，彼女の椅子に腰かけている。突き飛ばされたまり子ちゃんは，2～3歩前につんのめり，何が起きたのかわからない様子で後ろを振り返って見ている（自分が座っていた椅子がどれだったのかさえわからない様子；Scene 2）。
　口をちょっととがらせながら呆然とした様子で立っていたが，まり子ちゃんはすぐに廊下の椅子置場に走っていき，新たな椅子を抱えて持ち，先ほどまで自分が座っていた前列中央のあたりをうろうろとする（Scene 3）。

Chapter 2 映像のいろいろな見方と解釈の変化

[Scene 2] 後ろから突き飛ばされて，前につんのめった。振り返るともう自分の席は他児が座っている。

[Scene 2]

話-5：席を取られて，次に座ろうとした場所も拒否されて

　ここで，ようやくまり子ちゃんがうろうろしていた本当の理由が見えてきました。保育者たちも，
　「うろうろとしているように見えた姿（Episode 2-4-2）は，自分が本来座っているはずの場所を探していたのではないか。後ろからいきなり突き飛ばされ，突き飛ばした男の子も何食わぬ顔で座っているので，だれが自分の席を取ってしまったのかわからないのだろう」「いまさら，最前列中央に椅子を並べ入れようとしても，もう隙間なく並んでいるから入れない」
など，まり子ちゃんのその時の気持ちに共感しながら，その時の状況に思いをめぐらせています。
　その後，最初の注目シーンであるべそをかいている場面（Episode 2-4-1）につながることが確認されました。
　そして，

Episode 2-4-6：涙のあとの笑顔

　手の甲で涙をぬぐっていたまり子ちゃんは，担任が手遊び「八百屋のおみせ」を始めると，それにつられて動き出す。何回目かに，担任が「ぼうし」とわざと間違えると，みるみる表情が動き満面の笑顔になった（Scene 5）。

Ⅰ　映像で保育を振り返る

Scene5　泣いていた女児が笑顔を取り戻した（よかった。笑顔で帰れる）。

Scene5

「こんな理不尽なことが起きているのだなあ」「もしかしたら，これは氷山の一角で，日常保育のなかではもっとあるのかもしれない」「最後の笑顔だけ見ていたら，こんなことがあるなんてとても想像すらできなかっただろう」という言葉が保育者たちから出てきました。子どもたちがとる行動の背景には様々なドラマがあるということに改めて気づかされました。

　このエピソードのように，少し前に戻って見直すだけでなく，かなり前に戻って見直すことによって理解が深まることも少なくありません。子どもがなぜそんなことをしたり言ったりするのか，その時に理解できないことでも，ビデオの時間を巻き戻して見ることで，あるいは何度も見返すことで理解できることがあります。しかし，このような作業はかなりの時間と手間が必要です。

　ここで，まり子ちゃんが隣に座ることを拒否した女の子について一言書いておきたいと思います。彼女は決して意地悪でもなければ，気性の激しい子でもありません。むしろ日ごろは口数少なく穏やかに遊ぶことの多い女の子です。この日の行動について，まり子ちゃんと同様にていねいに見直していけば，きっとそれなりの理由がわかったかもしれません。子どもたちの気持ちの動きや行動を，短い物語のなかで理解していくのか長い物語のなかで理解していくのか，どのくらいの長さのなかで理解していくのかということも含めて，難しいところです。どちらにせよ，「今の自分の理解が絶対ではない」という思いを忘れずにいたいと思います。暫定的な理解だということでしょうか。

54

Chapter 2 映像のいろいろな見方と解釈の変化

　もちろん，ここで理解が深まるということは，再現不可能な保育をビデオで再現し，保育者が見落としていたできごとの一つひとつを詳細に可視化して，何が起きていたのかという事実関係を理解することで終わるものではないでしょう。「本当は何が起きていたのか」を追求し，捉えていきながら，子ども一人ひとりが感じていること，考えていること，に迫り一緒に感じていくことだと思います。機械を使って起きている事実を明らかにすることは「見えてくる子どもの世界」の入り口に立つということかもしれません。

（２）書き残されたものから見えてきた子どもの思い
　Episode 2-5 は，午前中の遊びが終わり，片付けの終わった４歳児のクラスで見つけた１枚の紙に書かれた文章から，子どもの思いが見えてきたエピソードです。

―― Episode 2-5：置かれた紙に書かれた文から ――
　４歳児のクラスで午前中の遊びが終わり，片付けの時間になった。それぞれが熱心に片付けをして保育室がきれいになり，段ボールの箱にはままごとで使っていた道具や衣装がひとまとめに入れられている。後できっと続きをするつもりなのだろう。
　段ボール箱のなかに１枚の画用紙が置かれていて，そこに何やら書いてあった。誰かに使われないようにするため「つかわないでください」や「（自分たちの）なまえ」が書かれていることはよくある。ふと興味をもって，その文字をよく読んでみると，読みにくいのだが「こころが　■いじはるわ　はいれない」（■は誤字らしく線で消してある）と書いてある。判読すると「心が意地悪な人は，この仲間に，はいれません（いれません？）」という意味に読める。これはずいぶん過激なことを書いているなぁと思い，ままごと遊びの様子を思い浮かべてみたが，よくわからない。

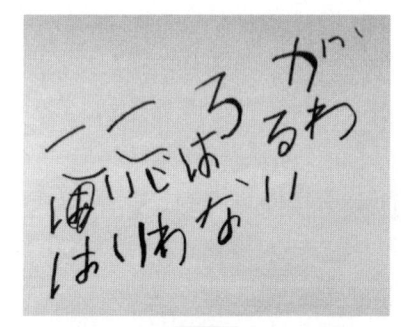

Scene1
Scene1「こころが　いじはるわ　はいれない」の文。

I　映像で保育を振り返る

　そこで，保育後にビデオを繰り返し巻き戻しながら見てみると，ままごと遊びのグループは2回引っ越しをして場所を変えています。ちょうどままごと遊びの脇で行われている積み木遊びを中心に撮って（＝見て）いたので，何とかままごと遊びの様子もビデオ画面に入っていて，見直すことができました。その時は，「地震よ。逃げなくちゃ」などと言いながらたくさんのままごと道具をせっせと箱に入れたり布でくるんだりしていたので「最近，避難訓練でもあったのかな。ずいぶん行動的なグループだな」程度に思いながら見ていました。しかしビデオをよく見てみると，あとから入ってきた女児が仲間を増やし勢力をもってくるのが気に入らないようで，最初から遊んでいたよう子ちゃんとさかえちゃんが引っ越しを宣言していたことがわかります。その次の引っ越しは，2つのグループがちょっとしたことで言い合いをしたあとで，その後はなぜかよう子ちゃんとさかえちゃんの2人だけでままごとを続けています。
　そこまで見てみると，担任の先生は，日頃の様子から「書いたのはよう子ちゃん」と推測しました。日頃そんなに感情を激しく表す子ではないだけに，「心が意地悪」という言葉の裏に，その子の精一杯の思いを感じ取ることができました。相手とのトラブルのなかで，意地悪な「行動」よりも意地悪な「心」と書いているところ，「嫌」とストレートに拒否せず条件をつけているところ，「いれない」ではなく「はいれない」と書いているところに，注目しました。
　保育は人間が人間を保育する営みです。ひとりの保育者が，一人ひとりの子どもの活動の流れや心の動きの"すべて"を捉えることは難しいでしょう。保育後に子どもたちが残した紙の一切れにも，子どもの世界が見えることを大切にしたいものです。

(3)（今は見えないけれど）「きっと何かある」と思いつつ，見る

　ビデオで自分の保育を見合う時（見られる時），担任保育者は「よく見ていなくて」と自分を責めるようなことを言います。保育者は保育中にすべての子どもの一部始終を見届けることはできません。一部分をできるだけつなげながら，

部分と部分の間を想像力で補いながら理解しているのだと思います。すべての子どもの様子を残らず見ている必要などないと思いますし，やろうと思っても不可能なことです。しかし，「知りたい」「見たかった」という思いがあるかどうかは重要ではないでしょうか。保育者なら，そのような気持ちはもっていてほしいものです。「すべてを知ることはできないけれど知りたい」「わかりきることはできないけれどわかりたい」と願い，「（あの子のことを）知らない自分を受け入れつつ，なお知ろうとする」「（この子のことを）わかりつくせない保育者としての自分を受け入れつつ，なおわかろうとする」のが保育者ではないでしょうか。その時に「きっと何かある」と心の底から思えることは，2つの矛盾した方向を生きる保育者にとって支えになると思います。

　Episode 2-6 は3歳児の帰りの集まりの時間に起きたものです。ほかの子がみんな集まって話を聞いているのに，なぜ担任の先生は後方で何かしている2人の姿を注意もせずにしばらくの間許容したのか。それは担任の先生が「きっと何かある」と信じられたからだとわかりました。

―― **Episode 2-6：私のペンギン（帰りの集まりに参加しない数名）** ――

　保育者が窓ガラスに貼ったペンギンシールが，午後の日射しを通して，床に黄色いペンギンの姿を映し出した。帰りがけの集まりの直前のこと。数人の子どもが発見し，自分の手の甲にペンギンを乗せたり，足を伸ばして自分の白い上靴の上に黄色いペンギンを乗せたりして楽しんでいる（Scene 1）。

　いつの間にかペンギンの周囲にははる子ちゃんとやすとみ君の2人だけになった。ほかの子どもたちは先生の所に集まり先生の話を聞いている。

　はる子ちゃんが，自分の被っていた帽子を取りペンギンの上に素早くかぶせた（Scene 2）。自分だけのペンギンにしたかったのだろうか，それとも，ペンギンが逃げ出すことを心配したのだろうか。その後はる子ちゃんは，そっと帽子の端を少しだけ持ち上げ，まるで，帽子の下に閉じ込めたペンギンの様子を確かめるように顔を近づけてのぞきこむ。ペンギンは，当然のことながら帽子のなかではなく，はる子ちゃんの紺色の帽子の外側に乗っている。はる子ちゃんとは反対の側にいたやすとみ君がそのことに気づき，帽子の外側に乗っているペンギンを指さしながら，はる子ちゃんに知らせる（Scene 3）。光が差し込む方向と帽子とはる子ちゃんとの位置関係から，はる子ちゃんには帽子の向こう側にいるペンギンが見えない。それでも，やすとみ君が教えてくれ

I 映像で保育を振り返る

たので,「えっ,どれどれ?」というようにはる子ちゃんは帽子の上に身を傾けて向こう側を覗き込む (Scene 4)。そうした途端, 帽子の上のペンギンは, 覗き込んだはる子ちゃんの頭の上に乗ることになる。帽子の上にペンギンがいない（自分の頭の上に乗っているのだが）ことを確認すると,「やっぱりこの帽子の中にペンギンはいるのよ」とでも言いたげにして, 帽子に触れる (Scene 5)。

クラスのみんなが集まって話を聞いているのに, こんなやりとりを続けている2人を, 先生はどう思っていらっしゃるのだろうと思いつつ観察を続けた。そのうち, 2人は十分楽しんだのか, 自分からみんなのなかに入っていった。

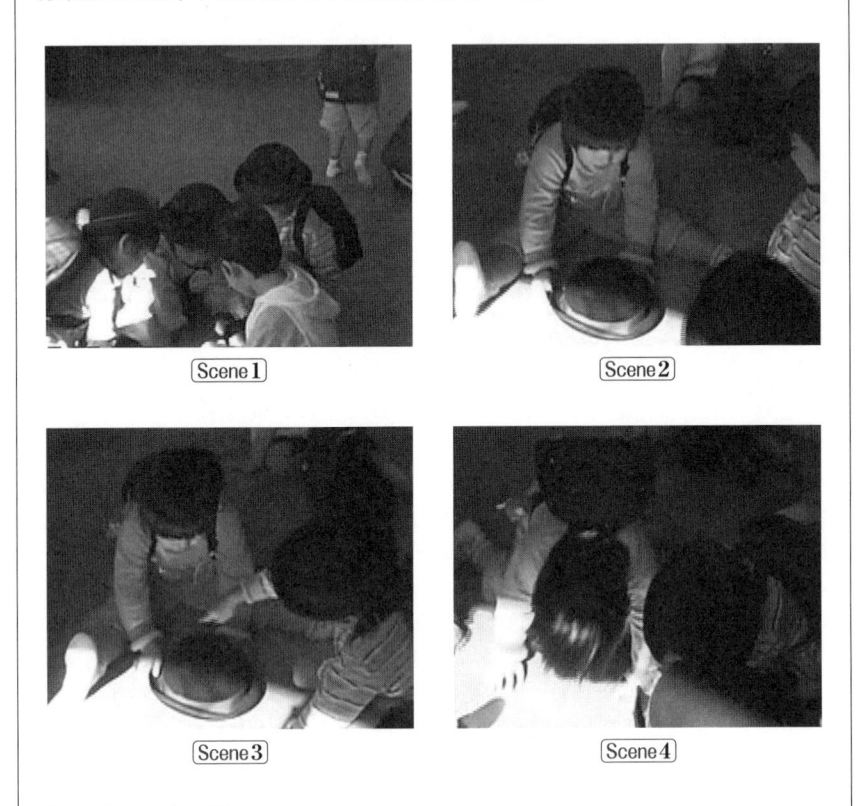

Scene 1
Scene 2
Scene 3
Scene 4

Scene 1　ペンギン発見。
Scene 2　ペンギンを帽子に閉じ込めた。
Scene 3　でも, 帽子の外にペンギンがいるよ。
Scene 4　えっ?どれどれ (向こう側から覗き込む)。

Chapter 2 映像のいろいろな見方と解釈の変化

Scene5 やっぱり大丈夫。ペンギンは帽子のなかよ。

Scene5

　保育後に，この２人の行動を担任の先生はどのように見ていらっしゃったのか伺いました。先生の位置からは，子どもたちがこんなに楽しいことを発見し，夢中になっていることの"内容"は見えていないことが確認されました。先生は「本来ならば遊びをおしまいにして集まってこなければならない場面ですが」「もうこの時期（あと１，２か月で年中組）なので，話を聞く時にはきちんと聞いてほしいと考えていますが」と断りながらも，「子どもたちがあんなに夢中になっているのだから，きっと，何かあるはず。今はわからないけれど，と思いつつ，許容しました」とのことでした。断定せずに，目の前の子どもの姿から気持ちを感じ取り，「もしかしたら何かある」という気持ちで見ていくことの大切さを教えてくれました。保育中に保育者が見てとることができることはほんのわずかです。わからないことに対して，想像で補ったりあるいは，信頼で補いながらこうして保育後にビデオで見直してみることによって，その時の自分の判断を確かめたりすることができます。ビデオは見れば見るほど，何度見ても発見があるということも教えてくれました。

4 スローなコマ送りにして見えたこと

（１）見えてきた細かいできごと
　Episode 2-7 は，12月に５歳児が学級全体で青・黄・赤のチームに分かれ三

Ⅰ　映像で保育を振り返る

つ巴の鬼ごっこをした時のエピソードです。

> **Episode 2-7：捕まったら怒って遊びを抜けた**
>
> 　けんいち君が相手チームのやすし君に捕まった。激しく悔しがったけんいち君は被っていたカラー帽子を口に入れて嚙みしごき（Scene 1），投げ捨て，鬼ごっこをしていた場所の近くにあるブランコに走って行って乗った。そして大きく高くブランコをこぎ上げながら，「青チーム負けろ！　青チーム負けろ！」と先ほどまで自分が所属していたチームに「負けろ」と大きな声をはりあげている（Scene 2）。全身から悔しさが溢れている。 
>
> Scene 1 
>
> Scene 2 
>
> Scene 3
>
> Scene 1　捕まってしまい悔しそうな表情で被っていた帽子を嚙みしごくけんいち君。
> Scene 2　ブランコが大きく揺れて，けんいち君の激しい感情が見えるようだ。
> Scene 3　しょんぼりするけんいち君。威勢よく，大振りしていたブランコも，最後には小さくなり，うなだれるようにして担任に寄り添ってもらっている。

担任はこのけんいち君の行動について、「けんいち君は自分が捕まるのが嫌なので、いつものことだけれど、また遊びから抜けてしまいました。こうなるとテコでも動かない。鬼ごっこは捕まったり助けたりが楽しいのだけれど、まだその楽しさがわからないのかな……」と思っていました。それとともに「どうしてよいかわからなかった。帽子を拾って届けたり、ブランコに乗っているけんいち君の傍に行ったり、黙ってしばらく隣に居るしかなかった」とその時のことを振り返って述べています。日頃の様子から、説得しても「ムキになるだけ」とわかっているのでしょう。毎日の生活を共に過ごし、けんいち君の思いを大切にしながら指導してきた担任の先生らしい受け止め方だと感じます。また、何十人もの子どもたちの一斉活動時に全体の流れを把握しなければならない担任ができるその時できた精一杯の受け止めだったでしょう。このけんいち君たちのクラスを年少組のはじめから継続的に観察して3年目も後半(現担任は年中組からの担任なので2年目)を迎えている私自身も、同じように受け止めていました。

しかし、ビデオを1コマ1コマゆっくりと見直していった時、けんいち君の行動の理由、というか気持ちの流れが新たに見えてきました。あれだけ激しく悔しがるけんいち君の気持ちが「なるほどな。それは、悔しいだろうな」というように思えてきたのです。けんいち君の細かな心の動きに少し近づけたような気がしました。コマ送りで見えてきたことを、Episode 2-8としてまとめ直してみます。

Episode 2-8：怒った本当の理由（コマ送りで見えたこと）

その日のけんいち君はほかの子どもたちと同様、はりきって鬼遊びに参加しています。満面の笑顔が見えます。陣地のなかを出たり入ったり、飛んだり跳ねたり活発に動きながら相手チームが攻めてくるのを誘っています。相手(黄)チームには、ライバル視している(と思われる)まさお君がいて時々けんいち君の陣地近くまで近寄ってきます。お互いに相手を見て意識しているようです。

けんいち君のいる青チームの仲間が黄チームに捕まり、「助けてー」と助けを求めています。いよいよ、けんいち君の出番。陣地から出てそろそろと黄チームの陣地に近づいた時、思いがけず男児が現れけんいち君の身体脇を捕まえます。

Ⅰ　映像で保育を振り返る

〈注目点〉
①けんいち君は，捕まった時に自分で逃げるのを止め，相手の陣地に自分から行こうとしている。
②自分から行こうとしているのに，追い打ちをかけるように相手が自分の洋服を後ろから摑んで引っ張っている。洋服を引っ張られるのを振りほどこうとしているのであって，捕まってもズルをして逃げようとしているのではない。
③そのうえ，一番ライバル視をしているまさお君の見ている前で捕まり，「けんいち，ずるいぞ」と大きな声ではっきり言われている。これでは，プライドの高いけんいち君にはいたたまれないのだろう。

このように，スピードを遅くして細かく見直すことで見えてくることがあります。

(2) 細やかな身体や心の動き
　Episode 2-9 は，スローで見ていくことで，そこで実際に起こっていたこと，さらにスローだからこそ身体や心の動きというものが見えてきたというエピソードです。

Episode 2-9：何が起きたのか実際は見ていないけれど
　登園した子どもからそれぞれ身長・体重測定を受けている。数人が集まって和やかに衣服を脱いだり，着たりしている。

Ⅰ　映像で保育を振り返る

　少し遅れてすすむが「僕もやろう」といって近くで服を脱ぎ始めた。下着のシャツを脱ぎかけた時、もう測定を済ませて洋服をほとんど着てしまっていたさとるが、「今からやるのか（遅いじゃないか）」とちょっとおどけた様子で軽くすすむの背中にチョップをした。不意を突かれて反射的に手が出てしまったのか、すすむが平手でたたいた。ちょうどさとるの顔に当たり、痛さのあまりさとるは両手で顔を押さえ、声をあげて泣いた。すると、その場で洋服を着ていたおさむが「なんだよ、すすむー」とすすむを責めるような語気で言う。すすむは「だって、さとるが悪いことしたんだもん」と言う。そうこうしていると、「泣いているのは誰だ？」とけんいちが登場し、わざと「お前か？」「お前か？」と泣いているさとるとは異なる子どもに問いかけている。すすむはその様子を見ながら緊張した面持ちで立っている。

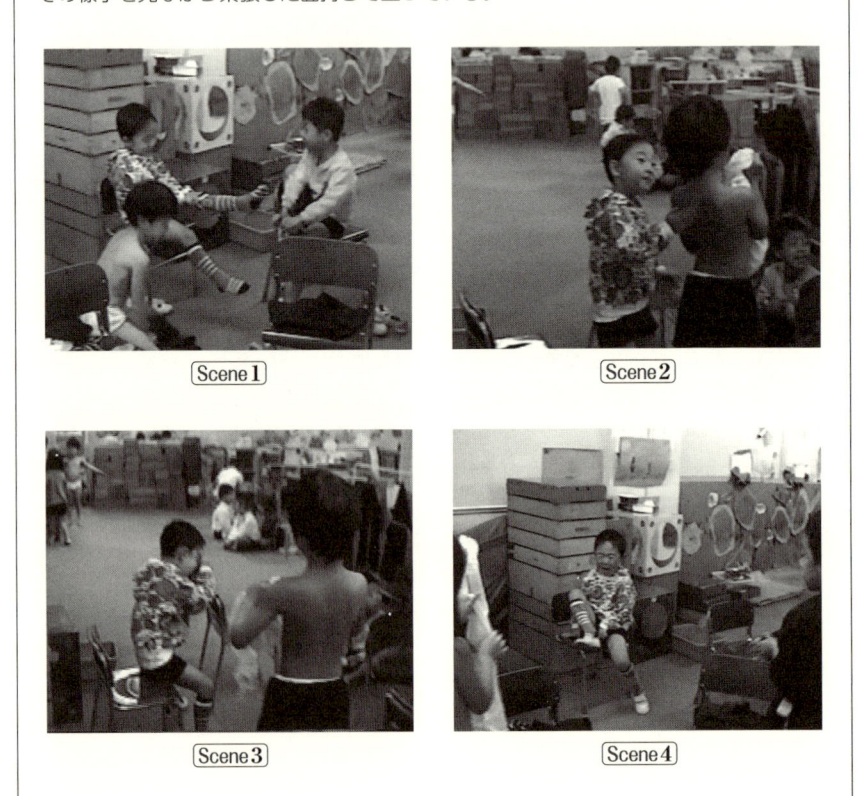

[Scene1]　　　　　　　　　　　　　　[Scene2]

[Scene3]　　　　　　　　　　　　　　[Scene4]

[Scene1]　和やかに、脱いだり着たり。
[Scene2]　軽い気持ちで、背中にチョップ。この時、床に座っているおさむは見ていない。
[Scene3]　パンチされ顔を押さえるさとる。
[Scene4]　顔をゆがめて泣いているさとる。

Chapter 2　映像のいろいろな見方と解釈の変化

Scene 5
Scene 6

Scene 5　けんいち登場。
Scene 6　すすむの体のこわばり。

　この時のさとる君の泣き顔を，スローな再生で見ていくと，泣き顔にも微妙な違いがあることや，おさむ君が実際には2人のやりとりやすすむ君のパンチを見ていないことに気づきます。また，「泣いているのは誰だ？」とけんいち君が登場し，わざと「お前か？」「お前か？」と泣いているさとる君とは異なる子どもに問いかけます。けんいち君は体も声も大きく激しいところがあり，すすむ君は（自分がさとる君を泣かせたので）責められるのではないかという怖さを感じたようです。それが体のこわばりによく出ていて（Scene 6），スローでじっくり見ることによってよくわかります。

（3）どんなに幼くても，周囲の様子や子どもの様子を見ている
　1歳児が自分の前に3体の小さなぬいぐるみ人形やキャラクターグッズを並べ，上から布団に見立てた布を掛けようとしているエピソードを紹介します。何度も何度も真剣にやり直す姿に「なんと，一生懸命なのだろう」と，見るたびに感動してしまいます。

Episode 2-10：1歳児が人形に布団を掛けようとする
　1歳児のななちゃんが両手で布を広げて，床の上に並べたお人形の上に掛けようとしますが（Scene 1，2），どうしても端の一体が布からはみ出てしまいます。布を右に

I　映像で保育を振り返る

寄せて掛けると左端の人形が布からはみ出します（Scene 3）。次に左に布を寄せて掛けると，今度は右端の人形がはみ出ます（Scene 4）。それを何度も何度も繰り返します。隣では，赤ちゃん人形を自分の脇に寝かせ，自分も横になっているお母さん役（？）のひな子ちゃんがいます（Scene 5）。ななちゃんは，3人の子ども（＝人形）にようやくはみださずに布をかけ終わりほっと一息，腰を下ろします。腰を下ろすと，隣のひな子ちゃんの様子が気になるのか，そちらに顔を向けてじっと見ます（Scene 6）。ひな子ちゃんのほうは，人形の隣に横になって（壁際に沿わせながら両足を高く上げたり，横を向いたりして）いたのですが，ななちゃんの動きに影響されたのか急に起き上がり自分が使っていた枕を外して人形の頭の下にあてがい（Scene 7），今度は添い寝の雰囲気を漂わせて人形の隣に寝ます。再び起き上がり，自分が敷いていた布団（お人形用の小さなサイズのものに寝ていた）を人形の上から掛けたりします。布団を掛けた時には，人形の顔が布団から出ているように人形の首元の布団を直します（Scene 8）。そして，やさしくトントンとたたいて寝かしつけるような仕草を見せます。それを見たななちゃんは，早速，人形の布団（＝布）を少しだけ直し，人形を布の上からトントンとたたきます（Scene 9）。

Scene 1

Scene 2

Scene 3

Scene 1　何度も何度も布団を持ち上げては掛け直す1歳児のななちゃん。
Scene 2　3人の子ども（人形3体）がはみ出さないようにかけるのが難しい。
Scene 3　布団の端から人形がはみ出している（向かって右）。

Chapter 2　映像のいろいろな見方と解釈の変化

Scene4　今度は布団の右から人形がはみ出てしまう（向かって左）。
Scene5　その隣（画面右端）では，ひな子ちゃんが人形を寝かしつけている。
Scene6　ななちゃんがひな子ちゃんの様子をじっと見ている。
Scene7　右隣りにいたお母さん（ひな子ちゃん）が起き出して，自分の枕を赤ちゃんに使わせたり，布団を掛けたりする。
Scene8　ひな子ちゃんが，人形の顔がかけ布団から出るように直している。その様子を左のななちゃんがじっと見ている。

67

I 映像で保育を振り返る

Scene 9
Scene 10

Scene 9 ひな子ちゃんと同じように，布団の上からトントンと軽くたたくようにするななちゃん。
Scene 10 赤ちゃんを寝かしつけながらも，しっかりと周囲の様子を見ている。

　スロー再生にしてみると，画面左の様子を見たり（Scene 10），隣で同じように人形を寝かしつけている女の子の方を見たりしている様子がわかります。相手の女の子も見ています。お互いに何も言わないのですが，視線は相手に向かっていることがわかります。「こんなに幼い子でも，他児を見て刺激し合うことがあるのだ」と教えられます。

　通常の速度では見逃してしまうような小さな可愛らしいできごとも，コマ送りで見直すことによって，1歳児が"両手で布を広げる"ことや"目指す位置（人形）に掛ける"ことに真剣に取り組んでいることがわかります。また何度も繰り返しながら，広げた布の幅と寝ている人形の幅との関係を身体を通して学んでいることがわかってきます。

5 ズーム・インにした画面から見えたこと

　次のEpisodeは4歳児がコマ回しをして遊んだ時のものです。

Episode 2-11：コマ遊び——心のなかでは遊びに参加していた

　4歳児がコマを回して遊んでいる。積み木で坂道を作ってその上で回したり（Scene

1），積み木で囲んだ「コマ回し場」に集まって回すことを楽しんでいる子どもたちもいる（Scene 2）。仲間と一緒に積み木の上でコマを回し，コマを乗せたまま積み木ごと水平に運び，隣のクラスまで行って帰ってこられるかを楽しんでいるグループもいる。途中でコマが積み木から落ちたり，回転しなくなったらもう一度初めからやり直す（Scene 3）。もちろんひとりで，いろいろな角度でコマを回そうと熱心に取り組んでいる子どももいる。

しかし，クラスのなかにたったひとり，コマを回すどころか，コマにも触れず，目もくれない男の子がいた。誰とも会話せず，「コマ場（こまじょう）」の隣の机で熱心に何か書いている。カメラを回していた私は，この男の子に惹かれた。友達がいないのかしら，自分からは交わらないのかな。誰も誘わないし誰からも誘われない。

そろそろお弁当の時間になろうとする時，念のためにと思ってその子の手元を思い切りズーム・インしてみた。

なんとその子は「きのこまはし｜つみきまはし｜……」とコマの回し方の名前を書き並べていたのだった（Scene 4）。心は周囲の子どもたちのやっているコマ回しに参加していたのだ。

Scene 1

Scene 2

Scene 1　積み木で坂道を作りその上で回す。
Scene 2　積み木でコマ場を作っている。
Scene 3　回るコマを積み木に乗せて運ぶ。

Scene 3

I　映像で保育を振り返る

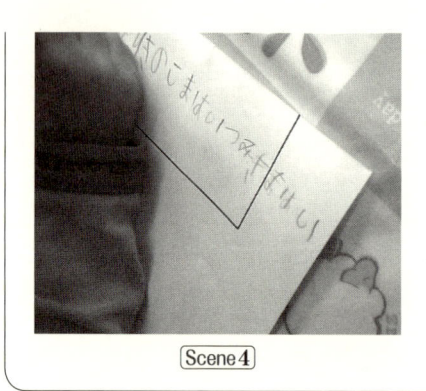

Scene 4 「きのこまはし」など回し方に名前を付けて書いていた。

Scene 4

　ここでも，ていねいに細かく見ること，表面的な姿から簡単に決めつけないこと，などを学びました。

　ここまで同じビデオを見てもいろいろな見方，異なる意見が出ること，それによって解釈が変化しているということを見てきました。そして，そのような様々な意見や解釈が出てきた時に，次の点が大切だということに気づかされました。
①どちらが正しいかを決める話し合いではない：ビデオを見て話し合った際に出てきた意見は，どの意見もある意味では正しいと思えます。ここで大切なのは，お互いが反対の意見や異なる見方を出し合い，自分のなかに取り入れたり，自分の考え方をもう一度振り返ったりすることだと思います。
②「文脈から切り離されている」ことを念頭に置く：ビデオは撮影している時間と場所を限定的に切り取って見る側に提供することになるので，ビデオを見て保育を語る時には「文脈から切り離されている」ことを頭に置いておくことが必要です。それぞれの意見の背後には，それぞれの園やそれぞれの先生の保育観・子ども観が見え隠れします。
③物事の解釈はその時々の社会的な関心などにも影響を受けている：「規範意識」が世のなかや保育・教育界で強調された時期には，特に「ダメなことをしていたらしっかり注意すべき」という意見が強く主張されていたよ

うに，保育者が保育をどのように意味づけるかということは，その時々のホットな話題や方向に影響を受けていることを自覚しておく必要があります。

このようなことを念頭に置きながらビデオを見て，様々な人と話し合い，様々な意見に触れ合い，そこから子どものすごさや保育の奥深さといったことを学んでいければと思います。

6 文字化する過程で，さらに見えてくる

ビデオの内容を文字化することは時間も手間もかかりますが，それぞれの場面をていねいに見直し，ほかの人に伝えることや共有することには欠かせない作業だと考えます。

そこで，最後に私が整理した資料を紹介して，この章を終わりたいと思います。次の資料は，43分のビデオ記録から約20分を切り出し，繰り返し見ながら文字と写真で整理したものです。この資料にたどりつくまでには，何段階かの資料作りをしています。主な登場人物を示し，簡単な状況の流れを説明した程度の資料や，さらに詳しい説明を加えた資料などです。整理していく過程で，次第に詳しいやりとりが確認できたり新たな気づきが得られたりしました。それに伴いできごとの流れや全体像が見えてくるようになっていきました。

ビデオを，早送り，コマ送り，超スロー，音声消去などいろいろな方法で見直すことで見えてくる（わかってくる）ことは多々あります。ビデオをもとにいろいろな視点から話し合うことで見えてくることもあります。さらに，見えてきたことを文字化して記録に整理することで見えてきたり，あるいは見えていないことに気づいたりすることがあります。映像を見ること，それをもとに語り合うこと，そして文字化することはどれも外せないことだと考えます。外せないどころか，そのひとつずつが相互に刺激し合い，より深く「本当は何が起きているのか」に迫ることへ導いているのではないでしょうか。よく見ることが話し合いを刺激し，異なる視点に気づかされるような話し合いが「よく見

る」ことをさらに刺激し，文字化することが「見えていないこと」を自覚させたり新たな見え方を提示したり文字化された資料で話し合いが活発化するなどです。

　また，文字化してより詳しく保育の全体像に迫ろうとする過程で，周辺的な存在だと思ってしまっていた子どもたち（例えば，ままごと場面の激しいやりとりを外から見ているF男，傘作りをしていたE男，椅子を持ち去ろうとしたりちょっかいを出したりしたG男など）が，私のなかで物語の中心として浮かび上がってきました。それぞれのどの子にとっても，できごとの"中心"は自分（その子自身）であり，それぞれが互いに影響し合いながらできごと（遊び）が成り立っていることに気づかされました。つまり，ついつい映像のなかの，わかりやすく中心的な物語（ままごとで，役割決めを巡って激しくやり合う3人の男児の様子）に目を奪われてしまい，周辺的な物語（子どもたち）への注目がおろそかになっていることに気づかされるのです。物語の周辺をいつの間にか切り捨てて中心的な物語だけにしてしまう危険性があると思います。保育のなかの子どもたちは，一人ひとりがそれぞれの物語を紡いでいて，どれもが"中心"であるのです。中心も周辺も無いのです。映画やドラマでは主役，脇役がありますが，保育ではそのように考えてはいけないと思うのです。

　しかしインパクトの強い映像はついつい主たる物語に私たちを引き込みます。私たちはさっと見てわかりやすく，見る側の腑に落ちやすい物語を映像から探してしまうのです。その点，文字記録によるエピソードは映像よりも多少公平に（というか，映像に比べてわかりにくい分だけ）中心と周辺を分けることなく伝えるのではないでしょうか。ただし，ある主張や価値観を伝えようとして，特定の子どもや活動を集中的に追って撮影しそのほかの子どもの姿や活動がほとんど記録されていなかったり，特定の子どもの特定の表情がズームアップで大写しされたり，情緒たっぷりのBGMが事実に化粧を施したり，声優さんの心地よいナレーションがついていたりするビデオの場合，いくらそれを文字記録に起こそうとしても新たな発見や確認をもたらさない（見せられた主張をなぞるだけ），あるいはもたらしたとしても僅かであると思います。一部の保育

ビデオにそのようなものがあることも事実です。このようなビデオがいけないというのではありませんが，興味深い場面だけを取り上げドラマチックに編集されたビデオに慣れてしまうことに多少の危惧を抱かざるを得ません。保育のなかに埋め込まれたたくさんの物語を見つけ出す作業はそう簡単ではないと思いますし，他者から与えられる（わかりやすく見せられる）のを待つのではなく一人ひとりの保育者や研究者が，子どもの世界に触れ子どもとの関係を築きながら自身で見つけ出していくことが大切だと思うのです。特に，日々の保育でそのことを日常的に行うべき保育者が，お手軽に与えられることに慣れてしまうのではないかと心配してしまうのは，杞憂でしょうか。

I　映像で保育を振り返る

〈文書記録例〉

撮影日：2008.6.27　9：00～11：30

主な登場人物（2・3年保育混合年中組，C男以外は全員2年保育児））
A男　見るからに小柄。黒っぽいエプロン。
B男　かなり背が高い。
C男　にぎやか。少し甲高い声。
D男　返男と同じくらいの背の高さ。小柄。
M子　A男にお面をつけ，あとから参加，お母さん役。
E男　保育室中央で傘を作っている。

写真1：左から，A男，B男，C男，D男。

VTR　直前の活動の様子
・スタンプやさんごっこを楽しみ，手を洗って自分でおしまいにし，A男・B男が2人で誘い合わせるようにして，ままごとコーナーに靴を脱いで入る。
・A男はすぐに戸棚の前に行き，「お粥しようか？」と言いながら，何かままごと玩具を探したり，いじったりしている。
・そこにC男が入り，その後D男が入る。

VTR　場面1　背比べ
①D男が戸棚の前のA男に小声で「僕がお兄さん。A君がお兄ちゃんね」と2人の役割を決め始める。
②A男は不満そうな表情で黙っている。
③C男が2人の間に身体を割り込むようにして入り，「僕おとうさんね。僕おとうさんでーす」と遠くに向かって宣言し，「そうだ。Mちゃーん，Mちゃんおかあさんになってー」と離れた所にいるM子に呼びかける。
④B男も「おとうさん」と片手をあげて大きな声で宣言。B男とC男は顔を見合わせ交互に「おとうさんでーす」「おとうさんでーす」を何度も繰り返す。
⑤黙っていたA男が，D男を追いかけるようにして近付き，D男に「お，に，い，さん，だよ」と強く言い返し，再び戸棚の前に戻る。
⑥D男はA男の後を追い「A君がお兄ちゃんで，僕がお兄さん」と小声ではあるがはっきり言う。
⑦A男は不満そうにD男を見つめ黙っている。
⑧二人のやり取りに気付いたB男が2人に向かって，「あー。（D男に）おにいちゃん。（A男にも）おにいちゃん」とそれぞれを指さしながら命名する。
⑨A男の表情が曇る。
⑩間髪入れず，C男がおどけた様子で「（D男に）お姉ちゃん。（A男に）お兄ちゃん」と指差しながら言う。
⑪A男は頬をふくらませて怒ったような表情。
⑫D男は何が起きたのかわからないような表情で相手の顔を見ている。
⑬すかさずC男が今度は「（D男に）お兄さん。（A男に）お兄ちゃん。それで，僕おとうさん。おとうさーん」と言いうれしそうに後ろを向いて飛び跳ねる。
⑭B男が，今度は相手の表情をのぞき込みながら，ゆっくりと「（D男に）おにい，ちゃん。（A男に）おにい，さん？」と確かめながら言う。
⑮A男はうれしそうな表情で，大きく二度ほど頷き，背筋を伸ばしてぴょんと飛び上がる。
⑯（「おにいちゃん」にされた）D男は不満そうな表情で両腕を後ろに組み，すぐにその輪から離れる。
⑰B男「おにいさんのほうが背が高いんだよ」
⑱C男「知ってる？」
⑲D男「（もちろん）知ってるよ。お兄さんのほうが背が高いんだよ」と片手を床に，もう一方の手を頭の上に伸ばす（写真1）。
⑳B男「そう。お兄ちゃんのほうが背が，ちょっと，低いんだよね」と手振りで示しながら説明する。
㉑D男「じゃあ比べてみよっか」と戸棚の出っ張りに腰かけている（少し位置が高くなる）A男を抱きかかえて床面に降ろそうとする。
㉒A男は両腕を突っ張って戸棚に腰かけて，棚をしっかりと握ってしがみつき「くらべ，ない」と一言大き

㉓（A男の気持ちを察したのだろうか）B男「じゃあ，B君（自分のこと）と比べてみよう」とD男の隣に並ぶ。
㉔C男「B君のほうが（D君より）高い。それよりC ちゃん（自分のこと）のほうが高い」と自分も含めて比べる。
㉕C男が戸棚にしっかりつかまっているA男を棚から強引に引っ張り降ろしD男と2人を並べる。
㉖B男が見比べ，「あー，おんなじくらいだよー」。
㉗D男「いぇーい。おんなじくらい。おんなじくらい。おんなじくらい」と片手を上にあげ喜ぶ。
㉘（一呼吸おいて）B男「だけど，ちょっとA君のほうが高い」と言い「ねっ」とA男の顔をのぞき込む。
㉙するとD男「違うよ。僕のほうが高いよ」
㉚B男「えっ，違うよ。A君のほうが高いよ」
㉛D男「だってさ。A君はここに（A男の腰かけている棚を手で撫でながら）」と言い，再びA男を抱きかかえるように床に降ろす。
㉜A男は渋々背比べをさせられた。（足元は）最大限爪先立ちをしている（写真3）。
㉝D男は自分の手で自分とA男の頭の位置を比べるような仕草をし，自分のほうが低い（実際は同じくらいなのだが，頭が斜めになっているので）と気づいたのか，なんとなくその場はそれで終わった。

写真2：背比べを拒否するA男。
右手でしっかり戸棚を掴んでいる。

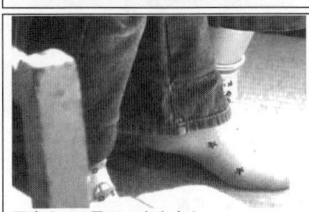

写真3：A男のつま先立ち。

VTR　場面2　ふたたび背比べ再燃

このあと，「お兄ちゃん・お兄さん」問題はすっきりとした納得に至らず，遊びのなかで何度か再燃する。激しい取っ組み合い（写真左）も見られた。
しかし，ままごとコーナーの外に出て，「そんなの関係ねー」のギャグが始まるとお互いに笑いあって雰囲気が変わった。再び始まった「背比べ」はどちらがお兄ちゃんかを決めることからその場の参加者が並んで背比べをしながらそれぞれの思いを出すことに変わり，お母さんの「ごはんよ」の一言で次に展開した。
B男「さあご飯作ろう。……みんなも手伝ってくれー」と言うと，C男は「りょうかーい」と応じ，B男は食卓を整え始め，C男は周囲を片付け始める。

写真4：激しく取っ組み合うA男とD男。

VTR　場面3　D男が遊びから抜ける

①B男は慎重にテーブルセッティングを終えると，「今何人家族だっけ？」と周囲に問いかけると，
②A男「4人家族だよ」
③C男A男に続いて「4人家族だ」
④D男「俺，はいんないよ，もう」
⑤B男「いち，に，さん，よん」とA男，自分，C男，M子，ひとりずつ指さし「4人家族」
⑥C男「違うよ，5人だよ，A君もいれて」（A子を抜かしたと思った？）
⑦D男「えっ，僕は，僕は入んないよ」「僕はもうやめた」
⑧B男「でしょ」とD男に頷き，「だから，4人家族」
⑨D男「僕はもうやめ。僕はZ君と遊ぶ。僕はZ君と遊ぶよーだ」と強く言う。
⑩C男は驚いたように，じっと去っていくD男の姿を見ている。しばし沈黙の時間（写真5）。

写真5：茫然とD男を見つめるC男。

Ⅰ　映像で保育を振り返る

VTR　場面4　ご馳走を並べることに見られる個々の違い
　B男は，ていねいに皿を並べたりカップにお茶を注いだりする。A男もそれに応じ「おいしいご飯が始まるよ」と料理を並べる。一方C男は，やや荒っぽい振る舞いが見られる。また，テーブルには大きすぎる積み木を料理として並べ，A男らに「こんなのいらない」と邪魔にされる（写真7）。

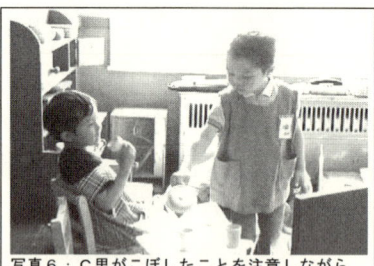

写真6：C男がこぼしたことを注意しながら，カップに再度お茶を注ぎ直すB男。

写真7：テーブルには大きすぎる積み木のご馳走（C男が並べた）。

VTR　場面5　E男の存在とかかわり

　A男らのままごと遊びや，B男・C男の消防車ごっこの隣で，E男は担任の助けを受けながらひとりで傘作りに取り組み，完成させる（写真8）。
　傘を完成させると，でき上がった傘を手にして，ゆっくりB男・C男らの救急ヘリごっこを見ながら周囲を一回りする。

この位置で，傘を完成させるE男

E男

写真8：A男らの遊びのすぐ隣の床で傘作りをするE男（右）。

写真10：ごっこ遊びの隣で，保育者の援助を受けながら，傘を完成させる。

写真9：B男らが，椅子不足で困っているのを知ってそっと，椅子を差し出すE男。

Chapter 2 映像のいろいろな見方と解釈の変化

VTR 場面6 救急ヘリコプター作り，消防ごっこへ

(1) ままごとから抜けるB男・C男，ままごとに残るM子・A男
① せっかくできたご馳走を，C男がひっくり返してしまい，B男とA男は「全然，特製じゃない」とC男に怒る。ままごと遊びへの熱が冷めたのか，B男はコーナーの外に出て近くにあった椅子を手に取る。
② C男は，地震ごっこ（最近避難訓練があった）を思いつき，近くのM子やA男に「あっ地震，地震よ」と働きかける。「地震なんかもういい。先生と約束したでしょ，この間。」とA男やM子に言われ，C男はままごとコーナーの外に出る。
③ M子は「ごはんよー」と呼びかけ，M子とA男だけがままごとコーナーに残る。

(2) 救急車作りから救急ヘリ作りへ，トラブルを超えて消防車ごっこへ（B男・C男）
① B男が「よし，救急車作るぞー」と大きな声で言うのを「オイリャー」と受けてC男も救急車グッズの入った箱を持ち出し，急いで椅子を並べ始める（提案→賛成表明→行動）。
② 少しして，C男の「なんか飛行機……救急ヘリコプター作ろう」提案で変更する。「ねー」と一緒に声を合わせる（提案→賛意→共調）。
③ B男は，「あのね，あのね海のなかに死亡（？）しちゃってね，……な人を助けるヘリコプターもあるんだよ。知ってたー？」と，C男の提案にイメージを添える。テンポよくヘリコプターを作りあげる（相手のイメージに付け足し→返事）。
④ 「ヘリコプター発車するぞー」「運転しまーす」の時になって，運転席の位置について2人の思いが違っていたことに気づく（イメージの違い）。
⑤ B男は「ヘリコプターの操縦席は3人なんだよ。知ってたー？」と主張する。C男は，そのことは知っている，と言いながらしばし同意する。
⑥ B男は「そうだ，違うのやろう，違うのやろう」と言いながら，C男の操縦席を2席から3席に改造する。C男も一緒に改造する（イメージの違いを新たな提案で問題回避）。
⑦ B男は次に「じゃあさ，消防車にする？ 消防車にならばさ……」と新たに提案し，C男「いいけど」と応じ，2人で操縦席に腰かけ，自動車のエンジン音を真似ながら運転する（提案→応諾→響声・共振）。

(3) B男らの「ごっこ」につながるM子・A男，周辺の子どもたち
① 救急ヘリコプターが完成した時，B男はままごとコーナーに戻る。C男が「ヘリコプター発車するぞー」と迎えに行く（(2)-④）と，M子も一緒に来て見送るように「いってらっしゃーい」と手を振る。B男はそれに応えるようにM子に向かって敬礼をする。C男も「運転しまーす」とM子に応える（写真11）。

写真11：手を振るお母さん，応える隊員。

② A男が手を洗うためにままごとから出てきて，B男の前に来た時に「おー」といいながら敬礼する。B男も敬礼（写真12）。C男少し遅れて「はい消防隊員」と言いながら敬礼し，「ちょうどよかった，消防隊員」と言いながら運転席に座り運転し始める。
③ A男は，その姿に向かって（タオルかけのところから）「頑張ってくださーい」と声をかける。
④ 近くにいた，F男が後部の椅子を持っていこうとするので，C男がそれを取り返そうとする。
ほぼ同時に，前方でB男がM子と椅子を激しく取り合う。M子が車にしようと並べていた椅子の一脚を

写真12：通りがかったA男の敬礼に応じるB男。

77

Ⅰ　映像で保育を振り返る

　　B男が持って行こうとしたらしく，A男が「駄目でしょう。最初Mちゃんが使っているのを」とB男をいさめる。M子は激しく抵抗しB男をたたく。B男「たたくんじゃない」と言いながらも椅子を離さない。
　　ちょうど園庭から戻ってきたZ男の「ジャンケンした方がいいよ」に応じ，2人でジャンケンをする。
⑤一方，後部ではE男が椅子を持ってきてC男に椅子を差し出す（場面③－写真9）。
⑥M子とA男が並んで椅子に座り，B男がハンドルを回す仕草をする（2人で車で出かけるような様子）。
　　B男が，2人の前に立ち，「とおせんぼなんです。すいませーん。ここは消防車が。火事だから」と進路をふさぐ。A男がうれしそうにハンドルを回すとその方向に両手を広げて移動しながら進路をふさぐ（写真13）。

写真13：車の進路をふさぐB男（後ろ姿）。

⑦A男が「火事はあっちです。あそこが火事です」と離れた場所を指さすと，B男とC男は「ウヲーイ」「火事だ」「火事だ」と大きな声を出して走り，その場所に向かい消火活動をする（写真14）。
⑧消火が終わり消防車に戻ったB男とC男に，再びA男が「火事です。あそこが火事です」と指さすと，B男が「あそこね，もう終わってるの」と答える。

写真14：「あそこが火事です」と指さすA男。

VTR　場面7　消防ごっこから警察ごっこへ

①無事に消火活動を済ませたあと，B男とC男は仲良く消防車の運転席に並んで運転する。しかしC男がB男に何か耳打ちをすると，B男が「やだ。やりたくないよ」と強く拒否する。C男は不満そうな表情。
②B男が手を口にあて「いつもはさー，消防車通過します……」と言うと，不満そうな様子で急いでままごとコーナーに行き，木製の湯飲みを持ってくると，運転席の後ろ座席に上って横向きに座る。
③C男「救急車が通過します。救急車が通過します。ご注意ください」と，茶碗をマイク代わりに口に当てて大きな声で言うと，前の席からB男が「救急車じゃないでしょう」と振り向いて言う。
　　C男，今度は「消防車が通過します。赤信号を通過します，赤信号を通過します，止まってください，……」と言い直す。
④「着いたよ」と後ろからB男に呼びかけるが，B男はA男の様子に気を取られている。C男「着いたよ。火災のところに」とさらに言う。
⑤B男が車を降り，段ボールの箱を抱えて「放水始め」と放水する真似を始める。

写真15：横向きになって，放送するC男。

⑥C男急いでB男のところに来て「そうじゃないでしょ。こうでしょ」と放水の姿勢を注意する。
⑦B男は，言われたように姿勢を低くして，放水の真似をする。
⑧消火活動を終えて，車に戻る。B男が運転席の横の箱を後ろに置き直し……（C男と意見の違いが出たようで），B男は両手を腰に当て「だけどー」と不満そうな表情をする。
⑨C男「ねね，B君。〇おじさんがね，鼻血たらしてたよ」と呼びかける。（※）無関係な話
⑩そこに，傘を持った闖入者。作った傘を「アイ，アイ，アイ」とB男らの前に突き出す。B男「なんですか？　傘ですか？」と応じる。（※）無関係な動き
⑪B男運転席から振り返り，C男に向かって「じゃあさ，これさ，あのさ，消防車じゃなくてパトカーにする？」と言いながら立ち上がる。
　C男「アーイアイアイ」「じゃあ，上に……」と表情明るくなる。
　B男「よし。じゃあ，俺たち警察だ」，C男に敬礼する。
　C男も「ハーイ」と明るく言い，敬礼する。
⑫B男すぐ前にいるM子らの所に行き，敬礼しながら真面目な表情で「警察です」とのぞき込むようにして言う。手を振りながら大股に歩く。
⑬C男は素早く帽子がたくさん入っている箱のなかから帽子を取り出し被る（写真16）。
⑭B男も真似て，帽子を被り，敬礼する。2人で帽子を被って向き合い，笑う（写真17）。

写真16：警察官らしい帽子を探し出すC男。

写真17：2人で顔を見合わせ笑いながら，敬礼する。

Chapter 3

「撮られる」立場と「撮る」立場から

Chapter 3 「撮られる」立場と「撮る」立場から

　保育をビデオに撮って検討することに関して，必ずしも賛成しないという意見があります。保育をビデオで見直すことによるメリットはわかっているけれど，カメラが向けられることによって「保育が変わってしまうから」「いつもの子どもの姿とは言えないから」「担任が緊張するから」などの意見です。私自身もかつてカメラを向けられ，あまり良い気持ちがしなかった経験があります。毎日のようにカメラマンと観察者が保育室のなかや園庭や，時には散歩についてくるのです。そこで一番印象に残ったのは，「保育がいつもと変わる」ことではなく，保育をしている「私」が見たり感じたりしていることとはまったく異なるものをこの人たち（撮影者や観察者）は見たり感じたり考えたりしているのだな，ということでした。立場が転じて，今度はビデオで保育を観察することになった時，保育者の人たちから「撮られる人の立場にもなってよ」「自分は撮る側だからそんなことができるのよ」という非難の言葉も受けました。今では，そのようなことをはっきり言う保育者はいなくなっている（そんなことは思っていても言えない）と思います（言えなくなっている状況が果たして良いことなのかどうか，簡単には決められませんが）。表だってはっきり言わないけれど「保育を振り返るうえで大切なことだとわかっているけれど，やはり撮られることは緊張するし，できれば撮られたくない」という思いは心のどこかにあるのではないでしょうか。私も同じです。

　しかし，いま現在まで保育を撮影しその映像を検討しながら担任保育者をはじめ多くの方々と学びを重ねてきて，やはりこの「ビデオで保育を撮影し，検討する」ことは捨てがたいのです。保育者が自分の保育の力量を向上させるために有効な方法だと思えてならないのです。かつて，撮られることを積極的に受け入れず逃げ腰だった自分が，もしもビデオの有効性を理解し自分の保育を見直すことに積極的に活用しようと考えることができていたら，と思わずにはいられません。また，逃げ腰の私のつらさに共感し励ましてくれるような「撮り手」と「撮られ手」の仲介者のような人がいてくれたら，と思わずにはいられません。

　そこで，どうしたら子どもや保育者にとってのマイナスが少なくなり，プラ

スが増えるのか，具体的に考え，方策を見出したいと思うようになりました。「ビデオで保育を撮り検討する」方法は，もっと洗練されて子どもにも保育者にも，そして保育を撮って学ぼうとする者にとっても良い方法にしていかなければならないと思います。検討の方法に関しては「Ⅱ　子ども理解を深めるためのビデオカンファレンスの実際」で触れています。ここでは，被写体になる子どもと保育者に焦点を当てて，考えてみたいと思います。また，従来，撮られる側への「影響」や「辛さ」に多くの注目が行きがちでしたが，実は撮る側にもいろいろな思いや葛藤があることにも触れたいと思います。

1　子どもへの影響

（1）子どもは撮られているのを知っている

　ビデオを撮り始めた頃，撮られていることを意識させないようにと，撮影中を示すカメラの赤いランプの上に黒いテープを貼ったりマジックで色を塗ったりなどの細工をしたこともありました。しかし，何回も撮っているとそのような小細工はあまり意味がないように思えてきました。ランプが赤くなっているかどうか，カメラが自分（子ども）のほうを向いているかどうかよりも，「撮り方」「居方[*1]」のほうが子どもたちに影響する要素として大きいことがわかってきたのです。撮影者の表情や物腰，カメラの構え方，子どもを見ないでカメラをのぞいてばかりいる態度，時には撮影者の心の状態，のほうが子どもに何かを伝えてしまって，子どもたちを落ち着かなくしてしまったということもあります。もちろん，遊びに熱中できている子どもたちは，少々のことに影響されませんが，撮影者が保育に対して評価的なまなざしを投げかけたりすると子どもたちは敏感に察知するように思います。私はどちらかというと保育を評価的に見てしまいがちなところがありましたので，できるだけそのことが表に出ないようにどっしりと構えることを心がけていました。

＊1　居方（way of being）：保育の場での位置取りや心も含めた「からだ」のありよう。

Chapter 3 「撮られる」立場と「撮る」立場から

　例えば，ちょっと悪いことをしている（ことが自分でわかっている）子どもはカメラを意識すると撮影者の表情をうかがいます。振り上げたこぶしをカメラに気づいて振り下ろせなくなったりなどというマンガのようなこともありました。そのような時私は，あたかもその場を見ていないかのように，その子を通り過ぎた向こう側に視線を送る場合が多くありました。あるいは，にっこり笑って「その気持ちわかるよ」と共感のメッセージを送る場合もありました。「駄目！」と目で制することもあります。ほとんどの場合は，まるで見ていないかのように，良いか悪いかの判断がその子に伝わらないように努めるのですが，何も言わないこのような撮り手（観察者）に対しても，子どもは大いに気を遣っていることがわかります。特に日ごろから子どものことをよく知っている担任保育者たちは，ビデオを再生した時に，その子どもが撮影者に気を遣ったのか普段のままなのかを見分けますので，それを聞いて自分自身の影響や撮る態度を反省することも多くあります。

　そうそう多くはないと思われますが，なかには両手を伸ばしてカメラを子どもの姿に向け，フラッシュをたいてシャッターを切るなどというカメラ撮影を平気でする保育者もいます。心無い振る舞いだなぁと胸が痛みます。特に研究発表を予定し研究熱心と言われる園でそのようなことが行われるのを見ます。数多く記録を残す必要に迫られ，気遣いができなくなってしまうのでしょうか。そしてそのような園では，たいていは参観者や保護者向けに，活動の様子を写した写真が解説付きでたくさん掲示されています。確かに保育の様子や，子どもの育ちを可視化し説明していくことは必要ですが，子どもの姿への尊重，配慮を忘れたくないものです。

　また，ある園で保育後に行うビデオカンファレンスの準備をしていると，降園していく子どもたちが通りがかり，「これから僕たちのこと，ビデオで見るんでしょ」「そして，いろんなことお話しするんでしょ」と言って帰ったことがあります。子どもたちは，撮られていることも，それを後で先生たちが見ることも知っているのだとわかりました。子どもたちはそのことを意識しているのでしょう。意識しながらも思わず素のままになることもあるのでしょう。

I 映像で保育を振り返る

　撮っている自分（大人）はどのように，子どもの目に映っているのだろうかと考え，子どもから見られていることを意識する必要があると思いました。子どもの活動を撮っている時に，たまたまビデオで撮影している私自身が鏡に映りその姿を後で見直すことがあります。疲れた雰囲気が出ていたりすると，ハッとします。小さくなって目立たないように撮っているつもりが子どもたちの間でこんなに大きな体を見せて撮っているその姿に恥ずかしさを覚えたことも多々あります。撮影者は時々そのようなチェックをするとよいかもしれません。

（2）撮影されることは子どもの活動に影響するか

　最近は以前に比べて撮られることに慣れている子どもが増えているように感じます。保育現場でカメラが用いられることが多くなったこととともに，家庭でも撮影することが珍しくなくなったことがあるのでしょう。やはり撮られる経験が多ければ影響も少ないと思われます。

　しかし，撮られることの影響がまったくないわけではありません。ビデオ撮影の影響だけでなく，保育が何かの影響をまったく受けないなどということはあり得ないのではないでしょうか。保育は常に周囲のいろいろな事象や人や関係に影響されながら成り立っていると思います。必要以上の強い影響は別として，ことさらに神経質になるよりも，撮影者の存在が子どもに受け入れてもらえるような関係になることが影響を最小限に抑えるのだと考えています。つまり，影響の度合いは，撮り手と撮られ手の関係性が決める部分があるということです。一概に決められるものではないのです。

　特に初めて訪問した園では子どもたちから「何撮ってるの」「何してるの？」と聞かれることが多くあります。そんな時にはたいてい「みんなが，何して遊んでいるのかなぁと思って見ているの」と答えます。すると「それで，写してるの？」と，さらに聞きます。あるいは「僕んちのお父さんもおんなじの（カメラ）持ってるよ」と言う場合もあります。この時の子どもの反応によっては，「見ててもいいかしら？」とこちらから一歩踏み込んで尋ねることもあります。

Chapter 3 「撮られる」立場と「撮る」立場から

　多くの場合子どもたちは「いいよー」と快諾してくれるのですが，時には「だめ」「やだ」と拒絶されることもあります。そんな時は，撮影場所やカメラを向ける方向を変えるようにしています。もちろん「どうしてー？　見たいなー」とさらに迫ることもあります。このようなやりとりが，「見る－見られる」ではなく「見てもいいかしら－いいよ－見せていただきますね」という関係作りのきっかけかもしれません。そしてこのような会話は，当然のことですが言葉だけではなく表情や身体の動きによってなされる場合もあります。
　25年の撮影経験のなかでたったひとり，どうしても撮らせてもらえなかった男の子がいます。カメラが向けられると（その子を中心に撮影していたわけではないのですが），遊びを止めてピアノや戸棚の陰に入りこんでしまうのです。時間をあけて再びトライしたのですが変わらず，そのクラスの撮影すべてを止めました。
　保育室のなかにビデオ機器を持って入り込みレンズを向けるのですから，子どもにとっては非日常（何をもって日常とするのかの論議もありますが，それは別として）であり，子どもたちの活動に影響がないはずがないと思っています。ただその時に，子どもから受け入れてもらえるような関係をできるだけ作っていきたいと思っています。それは，撮り方，構え方，身ごなし，撮っている私が醸し出す雰囲気などすべてが影響すると思われます。「撮ってもいい？　－いいよ」という形式的な問答があるかないかではないでしょう。このような撮り方をすればよい，と正解があるわけでもありません。どうあったら子どもが私を「そばにいても心地良い」存在として受け入れてくれるのか，撮影する時はいつも考え，自分のありようを反省し創り直しているように思います。そのような努力の過程が，子どもの活動への影響を少なくしていくのだと思います。また，大人の都合で子どもの活動に影響を与えることに対して，子どもに許してもらえるのではないかと思っています。もちろん，私自身初めからそのようなことを考え実行できていたわけではありません。それどころか，正直なところ現在でも，被写体である子どもたちや保育者の方にご迷惑をかけることがきっとあるのだと反省していることを断っておかなくてはなりません。

87

(3) 影響を受けていること自体が記録される

　ビデオでは，撮影されていることに影響を受けていること自体が記録されます。それでよいのではないでしょうか。どんなに撮影者が配慮しても，撮影者の存在によって子どもが活動を変化させることはあります。しかしその"変化させた様子"をも，ビデオは記録しているのです。きちんと撮った，つまりつまみ食い（あちこち目移りしていろいろな場面や子どもを撮った）撮影でなければ，後でビデオを見直しながら，どこで影響を与えて子どもが遊びの方向を変えたのか，やろうと思ったことをやめたのかなども確認できます。例えば，2～3人の男児がひとりの男児を誰もいない保育室の壁際に追い詰めて脅すような行為をしている場面を偶然見てしまったことがあります。撮影者をチラリと見て，囲みを解き，激しく相手を罵っている声が急に変わりました。できるだけ子どもが日頃の振る舞い方をそのままするように，撮影者は評価的な態度をとらないようにするなどの配慮をすることは当然です。しかし，まったく影響を与えないということはありませんので，そのように撮影者がいることで態度を変化させる子どもがいた時には，撮影者がいることで，その子どもがふと自分に返ることができた，というように理解するようにしています。撮影者も消極的な保育者のひとりになることがあります。

(4) 何が保育・子どもへの影響度に関係するのか

　観察して（＝撮って）いると，まったくこちらの存在など気にしていないように（多少は気にしているのでしょうが）遊びを続けていることもあれば，カメラや視線を意識して落ち着かないこともあります。これは，観察期間や回数の問題もあるでしょうが，そのほかに，日頃から見られることに慣れていることや，見られることが嫌な経験に結びついていない，などの問題があると思われます。

　また，子どもが夢中になって活動している，つまり，撮影時に遊びが充実していたかどうかも大いに関係すると思われます。子どもは夢中になっている時は，撮られていることも忘れるようです。思い切り楽しんでいる時には，誰か

に（撮影者だろうが誰だろうが）その楽しさをわかってほしいと思うのではないでしょうか。「見て，見て」という声が聞こえるような気がします。同じ園で同じ子どもたちを継続的に撮っていても，時によってカメラをとても気にして，いつもは寄ってこないのにその日だけ遊びを中断してカメラに寄ってくることも，カメラや撮影者を意識して隠れるように遊びの場を移動することもあります。子どもたち自身が，遊びが見つからなかったり，夢中になれなかったりしている時は特にそうです。つまり，子どもの遊びに対する観察（撮影）者の影響は，遊びが充実することによってある程度緩和されるのではないか，ということです。

　もちろん，撮影者のありようは一番影響が大きいと言えます。観察者の目つきや体の向かい方などが子どもに威圧感を与えないようにすることは最低限のマナーです。カメラの構え方などについてはChapter 4で詳しく述べることにします。私は子どもたちから，この人（撮影者＝観察者）はどうも担任の先生とは違うようだ，自分たちをなんとなく肯定的に見ている，自分たちのやっていることをおもしろがっているようだ，多少の悪いことをしても，とがめだてしない，などのように思ってもらい，こちら（撮影＝観察者）の存在を認めて（受け入れて）くれるようになることを"目指して"います。

（5）継続して撮っているうちに芽生える相互の感情

　毎週あるいは毎月同じグループを撮っていくうちに，対象の子どもたちと撮影者の間に微妙な感情が芽生えてきます。困った時には，助けを求めるような訴えるようなまなざしを撮影者に送ってきたり，自慢したい物を見せにきたりするようにもなります。どこかでケンカが起きていると知らせに来てくれたり，ケンカのいきさつを撮影者にわざわざ説明してくれたりするようになります。

　また撮影者のほうも子どもとの関係ができてくると，表情やちょっとした仕草などからその子の感情の微妙な変化が読み取りやすくなってきます。「その子」に対して，こちらの（撮影者の）「思い」が入ることによって，相手をより理解しやすくなるようです。

例えば，私が，継続して観察して（＝撮って）いた2年保育の男児ですが，困ったことがあってもなかなか担任保育者に助けを求められません。毎週1回の観察を重ねるうちに，遠くからでもその子の困っている様子がこちらにわかるようになってきます。その子は，困るとしきりに頭の後ろをもしゃもしゃと掻くのです。初めは，汗でもかいてかゆいのかと思っていましたが，やがてそれは困った気持ちの表れだとわかりました。「あっ，また困っている。先生に頼めばよいのに。がんばって」と，こちらの気持ちが動きます。そして，うまく解決した時にはにっこりとほほ笑んでしまいます。そのようなこちら側の気持ちの動きが伝わったのか，彼は困った時にチラリ，とこちらの表情を見るようになってきます。何回もそれが続く時には多少のお手伝いをしたりすることもあります。例えば，製作をしていて，どうしてもほしい材料が見つからない時に，こちら（撮影者である私）が「あそこにあるよ」と目と指さしで知らせたりすることもありました。もちろんまず担任保育者に知らせることのほうが多いのですが。

また，ある園で，私が喜びそうなできごとが起きていると「あれを撮って」と呼びに来てくれることがありました。自分たちの自慢を撮影していってほしいと思うようです。その逆に次のエピソードのように「失敗は撮らないで」と言うこともあります。

Episode 3-1：失敗は撮らないで

月に1度程度，継続的に観察を始めて，2年近くが経過した頃のこと。雨の日で，いろいろなクラスの子どもたちが遊戯室で入り混じって遊んでいた。私は，5歳児の巧技台を使った遊びを見て（撮って）いた。すると，4歳児のしずかちゃんが「おいで。こっち。きて。おもしろいよ」と誘いに来た。ちょうどこちらの遊びが一段落したので，誘いについて行くと「ねっ，すごいでしょう。撮って，撮って」と仲良しのつよし君の作った大きなブロックの作品を撮影するように言う。撮影を始めると，途中で，ブロックが壊れ，初めから作り直しになった。

すると，しずかちゃんが大きな声で「ダメ。もうダメ。撮らないで」と言いながらカメラの前で両手を広げて撮影を遮る。私はそれを受け入れて撮影をやめ，その場から離れ，少しの間撮影を中断した。

Chapter 3 「撮られる」立場と「撮る」立場から

[Scene 1]  [Scene 2]
[Scene 3]  [Scene 4] 

> [Scene 1] 大型ワッフルブロックの遊び。M字型に組み立てたブロックのなかを通り抜けたいと，挑戦するつよし君。右下に足が少しだけ出ている。
> [Scene 2] 心配そうに仲良しのしずかちゃん（背中に蝶の羽（？）に見立てた画用紙を付けている）とこうへい君が覗き込む。
> [Scene 3] 何度挑戦しても途中で崩れてしまう。その様子をわきで見守る仲良しのしずかちゃん。
> [Scene 4] 何度も失敗する友達の姿を撮影している私に，「写さないで」と言って撮影を止めさせようとするしずかちゃん。

　日頃はおとなしいしずかちゃんですが，クラスで一番仲良しのつよし君を思う気持ちや，自慢したい気持ち，失敗は撮らせたくないという気持ちに気づかされました。小さな子どもでもプライドがあると思っていましたが，友達のプライドに対する気遣いもするのだなあ，と気づかされました。
　このように子どもと撮り手の関係も，保育者との関係と同様に，固定的なものではなく変化したりわかり合える関係に育っていったりします。その時々の

91

関係を育みながら，その関係だから「見せてもらえる，撮らせてもらえる」ものを記録していきたいと思っています。もちろん，関係ができてきて子どもの感情が素早くこちらに伝わり，より理解が深まることもあるけれど，思い入れが強くなり，冷静にできごとを見られ（撮れ）なくなることの危険性もあることを注意しておきたいと思います。

2　自分の保育を撮られる担任について

（1）いつもと違う保育のなかにいつもの保育を見出す

　ビデオの撮影を終え，カンファレンスを始めると，「今日はいつもと違います」「あの後（撮影後）盛り上がって……」と担任が言うことがあります。保育後のビデオカンファレンスで"何を"検討の俎上に載せるのかについて，担任と観察（撮影）者の思いが食い違っているのを感じる時です。保育を撮って保育後に検討するということは，「いつもと違う保育のなかにあるいつもの姿を発見していこうとするもの」でもありますし，保育を振り返り検討材料にするのは"盛り上がった"姿でなくともいいのではないでしょうか。しかし，私たちはどうしても「かっこいいところを見せたい」「ほめられたい」という気持ちから逃れられません。子どもの姿は「盛り上がっている」ほうがよい，と思ってしまいがちです。ビデオカンファレンスだけではなく，実践現場で長い間行われている研究発表や公開保育においても，いかに盛り上がった（充実した）場面を見せるか，が第一に考えられてきたのではないでしょうか。実践研究発表の事例も，何気ない子どもの姿や些細なことのなかに保育の質や子どもの育ちを深く読み取るというより，素晴らしく見事な事例や盛り上がった姿を見せたり知らせたりする事例がもてはやされるような傾向があるように感じます。大きな行事の後だから，連休の後だから，暑かったから，疲れていたから……，などと言い訳をせず，保育にはいろいろなできごとや条件があるのは当たり前と考え，それぞれの状況のなかで精いっぱい保育し，その時々の保育を検討する目や姿勢を保育者がもつことが必要でしょう。

保育を撮っていると，撮り手（観察者）の"評価を気にする"担任の気持ちが痛いほど伝わってくることがあります。そのような時，外部の人に保育を見られるということが，その保育者にとってどのような意味をもっていたのだろうかと考えます。例えば，その保育者にとって外部者に保育を見てもらうことは自分の保育を一方的に評価（評定）してもらうことであったのだろうか。それとも一緒に保育を見ながら優れている点や課題を発見していくことだったのだろうか。発見の喜びや，明日からの保育に意欲をもたせるものであったのだろうか，と考えます。

　保育の質向上や保育者の資質向上を考えるうえでも，研修や自分の保育を観察されるということ自体を再考していかなければならないと思います。「評価」「評定」ではなく「ともに」感じ，考えていく同伴者の存在が，育ち合う関係だろうと思います。そして，自分の保育の「評価」はまず保育者自身が「自分で」行うことから始めなくてはなりません。「私は保育をする人，評価は誰かがするもの」「評価は誰かに"される"もの」という姿勢では，保育者の主体性は育たないのではないでしょうか。自分の保育を反省的に創り出す充実感が味わえないのではないでしょうか。保育の質向上に向けて，いろいろな方法が考え出されていますが，何よりもまず保育者自身が自分の保育を「省察」することがなければならないと考えています。その「省察」には，ひとりで想い考える省察，同僚と行う共同省察，映像や言葉のやりとりの力を借りて行うカンファレンスなどがあると思います。そしてそのことに寄与する，保育参観者・撮影者・園内研修会の講師，である必要があると考えます。つまり，これは保育者だけに課せられた課題ではなく，保育にかかわる人々がみんなで作っていかなくてはならない評価にかかわる文化の問題と考えます。

（2）「撮られること」を積極的に活用する

　撮影前に，担任にどこか撮ってほしい場面があるのかどうかを尋ねることがあります。「どこでも全部……」と言う担任もいれば，思いもしないことを尋ねられた，とビックリしている担任もいます。「ステージの幕が上がったわ」

と言わんばかりに張り切って被写体になろうとする保育者もいます。

　ビデオに撮って保育を検討してみようということに対する，意気込み，積極的な取り組みの度合いが違います。"撮られる""撮ってもらう""撮らせてあげる"ことを，自分の保育を振り返り向上させていくことにどう位置づけるかの問題でしょうか。「上司が言うから仕方なく」ではなく，自分の主体的な取り組みとして考えていってほしいと思います。これは，長い間「見ていただく。教えていただく。指摘していただく……」という受け身の姿勢で，自分の保育を他者に開いてきた結果ではないでしょうか。

　担任自身に問題意識や積極的にビデオを活用しようという気持ちがあるかないかは，継続的に撮る・撮られる，検討し合う，という関係を積み重ねていくうちに変わってきます。ビデオを自分の振り返りに活用する経験が積み重なったり，おもしろい，自分にとって役に立つ，などと受け止めてくれるようになったりするにしたがって，変化してきます。撮られるということを担任自身が積極的に活用していこうという気持ちになった時，ビデオカンファレンスで「○子が……」「あの遊びが……」という積極的な発言が聞かれるようになるのです。

（3）どんなふうに撮られているかを知りたい担任

　特に，撮られ手との関係が始まったばかりの頃に感じることですが，担任は「どんなふうに撮られているのか」を知りたい気持ちを強くもっているようです。撮り手（＝私）がどのような考えで，どのような見方をしているのかがある程度撮られ手（担任保育者）に伝わり理解されてくると，当然でしょうがあまり緊張せずに評価を気にせず（といってもまったく緊張しなくなることはないでしょうが）保育することができるようになるようです。ビデオを撮る＝撮られる，そしてそれを基に保育について話し合う回数が重なることが必要ではないでしょうか。時間がかかることです。

　しかし，これとは逆に，2週間に一度ずつ定期的にビデオ観察に通っていたクラスの担任保育者が，1年近く経ってから自分の保育がどのように意味付け

られているのかという評価を気にするようになった例にも出会ったことがあります。また，共に保育を考えていく良い関係だと思っていたら，かなり後になって，「実は撮られたくなかった」と気持ちを打ち明けられた経験もあります。感情的・身体的な主体的活動でもある保育を，外側から映像を通して捉えようとする観察者と保育者の間にはどんなに努力しても越えられない立場の違いがあるように思います。また，撮り手と撮られ手の間に緊張がなくなれば良い関係だとも言えません。緊張関係があるからこそ，撮られ手（保育者）は自分の保育を対象化する視点を手に入れるのでしょうし，撮り手は根源的に越えられないとわかりつつも保育者が生きている感情と体の世界を理解しようと努力するのではないでしょうか。

　いずれにしろ，両者の関係は初めから変わらないのではなく変化していくのでしょう。そして撮り手はできるだけ自分の考え＝見方を開示することが必要なのではないかと考えています。いろいろな都合で保育後の話し合いができない日でも，黙ってビデオ観察をしてそのまま帰るのではなく，「今日，私はこんな場面を撮りました。こんなことが印象的でした」というような感想程度の（一言でもよい）メッセージを伝えるように心がけています。このように考えるのは，自分がかつて撮られる側を経験し，あまり心地良いとは言えなかったその時の思いが今も心に残っているからかもしれません。

　被写体となる保育者自身の過去に撮られた体験だけではなく，幼稚園や保育所における「保育研究」（学校でいうところの「授業研究」）のあり方，参加姿勢も影響しているのではないかと考えています。園内の保育者も含めた「自分以外の人に自分の保育を見てもらう」ことが，どちらかというと悪いところを指摘してもらうという受け身の姿勢からまだまだ脱することができていないことも背景にあるのではないでしょうか。保育という営みがバルネラブル[*2]な性格を

---

*2　バルネラブル（vulnerable）：傷つきやすい，批判を受けやすい，攻撃されやすいということ。保育のような多人数を相手にする対人援助の仕事はマニュアル化しにくく，相手の状況などが複雑に影響するため，唯一絶対の正解もない。そのため，批判しようと思えばいくらでも批判の種はあるものである。

もつ仕事であるため，なかなか難しいのかもしれませんが，担任自身が他者と対等に自分の実践を前にして，一緒に課題を発見し明日の保育につなげ，より良い保育を"創っていく"という積極的な姿勢をもっていきたいものです。特に，養成校の教員や保育研究者は，外部から保育を見て，その保育の問題点や課題を「指摘する」（担任保育者は「指摘される」）関係から，一緒に「探す」「考え合う」関係にならなければならないと思っています。その保育の「良い，悪い」の「評価者」になるのは論外です。もちろん，当事者（外部者）だからわかること，当事者（外部者）だから見えなくなること，を心に留めながらお互いが相手を保育創造のパートナーとして尊重し合う関係を築いていくことがこれからの保育研究，保育カンファレンスに必要なことだと考えます。

　しかし，ビデオ映像は文字記録や言葉よりもずっと真実に近いかのような誤解を与えやすいものです。ビデオをもってフィールドに入る時には，特に自分を戒めないといけないと思います。ビデオは保育を振り返る時にとても有効な道具ですが，使い方を誤ると担任や保育当事者を傷つけたり周囲との関係を壊したりしてしまいます。そうなったら，保育のなかの真実（真実らしいもの）に近づくことはますます難しくなってしまいます。撮る・撮られるという向き合う関係を超えて，撮る側も撮られる側も一緒に「本当はそこで何が起きているのか」を探求していきたいものです。

3　保育を「撮る」立場から

（1）冷たい撮り方，温かい撮り方

　どんな撮り方をするように注意しているか，心がけてきたことは何か，具体的にどんな場面は撮らないようにしているかについてはChapter 4で述べています。

　保育ビデオ撮影（観察）は撮る・撮られるという関係のうえで成り立ちます。両者の関係のありようが，撮る内容はもちろん，撮り方や，撮る場面，ビデオカンファレンスで取り上げる場面を変えていくと考えます。

その際，同じ場面を撮るにしても「冷たい撮り方と温かい撮り方」があるように思います。冷たい撮り方はあくまでも対象を精緻に捉えようとする撮り方でしょう。保育の流れや活気，子どもの気持ちの波とは無関係に，できごとを冷静に切り取る撮り方だと思います。一方で，温かい撮り方とは対象に惹きつけられながら，何かあっても「そうせざるを得ないこと」「必然の結果」として共感的に見ていく撮り方だと思います。温かい撮り方では，子どもの遊びに一喜一憂する撮り手の心の動きもあるし，共感する気持ちがあります。そのような撮り手の気持ちの動きが，撮り続けることをやめさせたり，周囲の子どもの動きに敏感にレンズを向けさせたり，思わずカメラを向けてズームアップにしたりするカメラワークを起こさせます。撮り終わった後，担任と子どもの姿について語り合い，共有したくてたまらなくなる撮り方です。
　担任の見ていないところをねらって撮り，担任に，子どもが見えていないことを"思い知らせる"ような撮り方は避けてきました。一方で，担任の気持ちを考えて担任のいない（見ていない）場面を撮ることを多くしてきたことも事実です。冷たい撮り方を避けようとした気持ちが，撮り手（私）の心を迷わせることもあります。本当は何が起きていたのかを知るために「ここは撮るべきか，撮らないほうが良いのか」と悩むことも多々あります。撮られ手の痛みや葛藤もあるでしょうが，同時に撮り手にも葛藤や痛みがあることを是非とも述べておきたいと思います。

（2）撮り手の「痛み」と「葛藤」

　撮り手の側にも「痛み」はあります。特に，撮るべきものを撮らなかったり，撮りそこなったりした時には悔やまれますし，自分の保育を見る力のなさを思い知らされます。保育を見る（＝撮る）ことには，見る（＝撮る）側の「保育を捉える力量」が表れてしまうものです。観察後のビデオカンファレンスで，発見があったり深く考えさせられたり，納得ができたりできなかったりするようなエピソードが見えてこない時など，きちんと保育が捉えきれない自分の力量のなさがあらわになり，撮る側の心の「痛み」になります。

また，研修会などで，撮り手（観察者）は担任に対して正しい解釈を教え授けるかのように，あるいは医者の診断結果のように伝えるものだ，と思われてしまうような時，これでよいのかと不安になります。「そうではありません。私が言うことが絶対正しいわけではないのです。一緒に探したいのです」と言葉に出すこともあります。特にビデオカンファレンスの場では，保育を開いた保育者よりも，ビデオで保育を撮る者の方がどうしても正しさの側に立ちやすいものです。観察者（撮影者）は（子どもや保育の真実を）担任やほかの保育者と「一緒に探したい」と思いつつ，一方では自分なりの感じ方や解釈もあり，時には保育者の解釈と対立することもあります。そこに，葛藤が生まれます。「絶対的な正しさ」の側に立たず「一緒に」と思いながら，「でも，自分にはこう見える。こう考えられる」という主張もあり，その主張を強く出すと「絶対的な正しさ」の側に立ってしまう，という葛藤です。

　反論や議論の雰囲気がある研修会とない研修会，正・非に分ける雰囲気の研修会，それぞれの子どものありようを探りながら楽しむ雰囲気のある研修会など，その時々の研修会の雰囲気に左右されながら，自分の撮ったもの（観察したこと）をどのように研修会に提供するのか，葛藤しています。

　このように，撮影者の側にも心穏やかでいられない状況があります。撮っている時だけでなく，そのビデオを基に担任やほかの保育者と話し合う時にも，悩んだり葛藤したりしています。

（3）観察しながらの「つまらない，手応えがない」を超える

　保育を撮影（観察）させてもらいながら，めったにないことですが正直なところ「何でこうしないの？」「これでは子どもがかわいそう……」と保育の環境や保育者の援助の仕方に疑問や批判的な思いをもつこともないとは言えません。私自身，長い期間保育現場で保育者をしていたことが影響しているのだと思います。批評的な見方ではなく，できるだけありのままを受け入れ，良いところを探そうという気持ちで保育を見る（＝撮る），というより，「見せていただく」（撮らせていただく）という気持ちを思い出すように努めています。そし

て，そうせざるを得ない，精いっぱい努めている担任の状況に思いを至らせ，そのような見方から出発することを自分に意識的に課すこともあります。

　また，子どもの動きを撮っていても"つまらないなぁ"，と思う感覚に陥ることがごくまれにあります。子どもの遊びに引き込まれない時です。「つまらない」のは，ほとんど私の側（見る側＝撮る側）に原因があります。例えば，見る（＝撮る）側の気持ちや身体が疲れている時などは当然集中できませんので，見方が散漫になり，保育の経過や活動の流れ，子どもが楽しんでいることがこちらにつかめなくなります。感じられなくなるのです。子どもの感じているおもしろさや楽しさ，つまらなさ，困っている気持ちなどに共感できない時，時間が経つのが遅く感じられます。見る（＝撮る）のが辛くなった時には，思い切って撮ることをやめ，見るだけに徹することもひとつの方法だと思っています。ある時などは，カメラで見続け（撮り続け）ることができず，とうとう観察（＝撮影）を中断し，担任と一緒に保育してしまうなどということもありました。

Chapter 4

保育のビデオを撮影する時に考えること

1 | 具体的な撮り方について

（1）誰が撮るか

　すでに日頃の保育のなかで、園長先生をはじめとして担任をしていないフリー保育者がビデオを撮っている園もあるでしょう。ビデオカメラはあるけれど、行事の時くらいでほとんど撮ったことがない園や、カメラそのものがない園もあると思います。

　自分たちの保育を撮って、それを基にビデオカンファレンスを行おうとする時には、多くの場合園内の同僚や上司、外部の講師が撮ることが多いようです。もちろん担任自身がカメラを固定して撮る場合もないわけではありませんが、数は少ないのではないでしょうか。外部者が撮る場合、自分の研究のために撮影しそれを園や保育者に還元する場合と、園内研修会の講師として撮り、保育研修の資料として撮る（カンファレンスを行う目的をもって撮る）場合があります。

　このように撮る側の人の立場や目的は様々ですが、撮られる側の子どもたちは「撮る人」のことをどう捉えているかも考えてみる必要があるでしょう。

　ある園で、こんな場面に出会いました。

　ビデオで撮影しながら保育を観察していました。子どもたちは何か相談し合いながら、活動に夢中になって取り組んでいました。するとにこにこしながらその様子をそばで見ていた園長先生が、園の記録としても撮っておきたいと思ったのでしょう、急いで職員室に走って行き園のカメラを持ってきて子どもたちの活動の様子を撮り始めました。すると、子どもたちの態度が微妙に変化したのです。「いいことやっているから撮るんでしょう？」と言う子どももいます。先程までの、園長先生を「自分たちの仲間や相談相手」として見る見方から、「私たちを"記録する、撮る"人」として、スーッと距離を作ったのです。ちょっとお澄ましした、良いところを見せる相手として園長先生を位置付けたようでした。変化の一部始終を見ていた私には、そのように受け取れました。

I　映像で保育を振り返る

　この場面に出会って，子どもにカメラを向けることが，子どもとの関係を変えることもある，と気づきました。子どもの側から見て「遊びの仲間」になるか，「評価者」「記録者」になるか，よく考えなければならないと思いました。そうは言っても，常に保育者以外の撮影者が園内にいるとは限りません。そのような場合のほうがずっと少ないでしょう。ただこのことを意識に置きながら撮影したいものだと思いました。ビデオカメラが手軽になってきた今，そのことを強く考えたいと思います。昔に比べて，撮られることに慣れた子どもたちが多くなっています。それは，劇場型の，人に見せるパフォーマンスとしての遊びや活動を増やすことにつながるかもしれない，と危惧します。

（2）どのくらいの長さ（時間）を撮るか
　子どもの活動の意味の流れがわかるように，あるいは感じられるように，ある程度の長さを撮ることは必要だと思いますが，撮影後に見直すことができる長さ（時間）でなければ，せっかく撮っても意味がなくなります。保育後にその日の保育について話し合うのであれば，保育者の疲労も考慮して，最長でも3～4時間程度の話し合いが限度ではないでしょうか。問題として取り上げたいエピソードの数にもよりますが，一度見ただけではなかなか理解が深まりませんし，話し合う時間も必要です。3時間以上撮っても，それを見直し整理することができないまま，何の役にも立たないビデオ記録を溜め込むことを繰り返し経験した結果，現在は午前中2時間程度の撮影時間にしています。午後の撮影はよほどのことがない限り行いません。しかし，園内にとどまり，子どもの様子を見たり保育全体の雰囲気を感じ取ったりしておくことは，後で行うカンファレンスに役立つと思います。

（3）ズーム・イン／ズーム・アウトについて
　アップは控えます。しかしアップが必要な場面もあります。例えば，子どもが座り込んで何かしている。ズーム・インしてその子の手元を見ると，布ガムテープを指でちぎろうとしているのだがなかなかうまくいかず苦労してい

Chapter 4　保育のビデオを撮影する時に考えること

とがわかる，などがあります。

　あるいは，紙棒と紙テープで何か作ろうとしている女の子の手元を見ると，紙棒に斜めに色の紙テープを巻きつけたいのだが紙棒のほうを回転させるのではなく，テープの方を動かして紙棒に巻きつけようとするために苦労していることがわかります。

　また別のエピソード（詳しくは Chapter 2 の 6 の資料を参照）では，4 歳児の男の子たちが「お兄さん」と「お兄ちゃん（お兄さんより，少し小さい）」の役を決める時に，不承不承背比べをさせられた子の足元をアップで見ると，精いっぱいの背伸びをしていることから，その子の気持ちが伝わってきました（写真 4-1）。

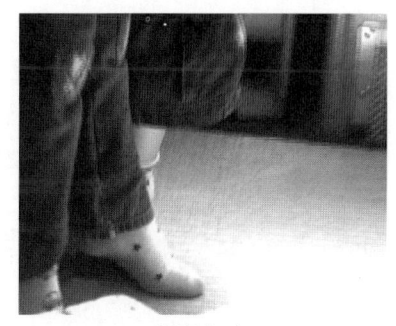

写真 4-1
背比べをして，役割を決める時に，足元は精いっぱい背伸びをしている。

　しかしアップが多用されると，保育全体のなかの一部を切り取ることの弊害が強く出てきます。もともと保育のビデオを撮るということは，保育の一部を撮影者の感覚で切り取ることですが，それが強く出て，ビデオが"撮影者の意図を超えた情報を提供する"というビデオの特徴が生かされなくなります。また，保育全体の動きのなかで相互に関連し合って一部があるということが見えなくなります。そのため，あまりアップを多用することは好ましくないと考えています。また，アップの連続は，恣意的な物語を作ることを可能にする危険性もはらんでいます。保育全体のなかでの位置づけや，ほかの動きとの関連性を見ていくことが大切です。保育ビデオが，文字による観察記録（例えば行動描写法などで観察しながら記録したもの）や保育後に思い出すエピソード記録と異なり，記録者（撮影者）が後から映像を見直して初めて気づくようなできごとを記録する（記録者の意図を超えた記録）という長所を生かすためにも，そして，子どもの活動の意味を探る際にほかの活動とのかすかな接点（出会った時の様子や，影響のし合いなど）が重要だとも考えていますので，全体を記録することも意識しつつ必要な場面でアップを入れるようにしています。

Ⅰ　映像で保育を振り返る

（4）ON／OFF の活用はどのようにするか

　ON／OFF はできるだけ控えます。私は，基本的に撮影を開始したら ON のままです。初期の頃は「必要と思った部分」を撮ろうとして構えていましたが，そうではなく保育の流れをできるだけそのままくい取ったほうが，後で見直す時にいろいろなことが発見できることが多いことに気づきました。自分の意図で短く切り取った保育の一部分はその時の撮影者の解釈の押し付けになりがちです。また興味深い子どもの姿や楽しそうな姿だけでなく，つまらなそうにしていたり不活発だったりする時間も含めて「保育」だと思うようになったからです。ON／OFF は単にカメラの電源の問題だけではありません。どの場面を撮り，いつその場面を切り上げほかの場面にカメラを向け直したのかという問題もあります。自分のビデオを再生して，なぜここで録画 ON にしたのか，なぜここで OFF にしたのか，また，なぜこの場面にカメラを向けたのか，ズームアップにしたのか，を考えていくと，その時々の自分の保育に対する考え方が見えてきます。

　写真 4-2 は Chapter 2 Episode 2-1（p.37～）でも説明したエピソードですが，とうとう最後まで綱を渡りきって「やったー」と満面の笑みを浮かべながら，こぶしを振り上げているところです。このシーンで，この子が誰に向かって手を振り上げているか，ビデオではわかりません。実は，この遊具の右手奥側にいる担任に向かって喜びを伝えているのです。担任もそのことに応えています。しかし，私は目でそのことを確認しながらも，ビデオカメラの方向は変えませんでした。その時には，こぶしを突き出して「やったー」と雄叫びを上げるこの子の喜びの表情に焦点を置きズームアップしていたからだと思われます。後で考えると，なぜその場面で，喜びを受け止め笑顔と拍手で応えている保育者にカメラを振って撮らなかったのか，悔や

写真 4-2
子どもが喜びを伝えている担任を撮影していない。

まれるエピソードです。

　余談ですが，このビデオを見たある保育者が「成功した時に『せんせーい（見てー）』と呼びかけずに喜びの声を上げ，ある方向に満面の笑顔を向けている。それは，保育者が近くでその子の成功を見守っているのではないか」「保育者が自分を見ていてくれることを確信しているからその子は先生に呼びかけないのではないか」と読み取ったことがありました。私自身はその瞬間の保育者を撮影しなかった後悔ばかりを感じていたのですが，なるほど鋭い見方だと感心しました。

（5）どの位置から撮るか

　被写体である子どもとの関係ができていて，撮影者に対して受け入れる気持ちができてきている時と，そうでない時には，距離や位置の取り方は違ってきます。かなり近づいて撮っても，撮らせてもらえる時もありますし，子どもにカメラを向けただけで嫌な顔をして立ち去られてしまう場合もあります。あからさまに「撮らないで」と拒否されることもあります。そのような時には潔く撮影を中止して，ほかの場所に移動します。時には「どうして」と理由を尋ねることもあります。

　写真4-3，写真4-4は，鬼ごっこを撮っていた時のけんいち君の様子です。トラブルになり，激しく怒りながら遊びから抜けた男の子が，近くのブランコ

写真4-3
鬼遊びから抜け，ブランコに乗っている。
（横から撮影）

写真4-4
鬼遊びから抜け，ブランコに乗っている。
（後ろから撮影）

Ⅰ　映像で保育を振り返る

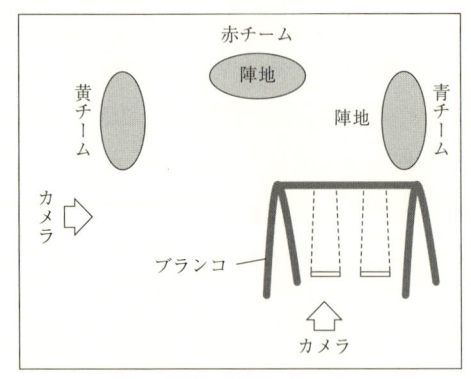

図4-1　カメラの方向
（注）矢印は，撮影の方向を表している。

に乗って最初は大きな声で不満を表し，最後にはしょんぼりしている場面です。ブランコの脇から撮っていたのですが（写真4-3），私はブランコの後ろに移動しています（写真4-4）。それは，この男の子が「見ているもの」を見たかったからです。

　どのような方向で撮影するかによって映像に取り込まれる情報が変わってきます。

　活動がよくわかる位置から撮ることはもちろんですが，その活動が全体の動きのなかでどのような位置にあるのかが撮れるような位置を考えます。これは保育者が保育中に子どもとかかわる時に，自然に残りの子どもたちに背を向けず，全体の様子を把握しながら一部の子どもとかかわれるような身ごなしをするのと同じだと考えています。手前の子どもたちの活動を撮っていたら，再生の時にむしろ，奥の子どもたちの動きのほうが重要だったりすることがあります。できるだけ多くの情報を撮るためには全体を捉える撮影方向も必要に思います。

　また，当然のことながら子どもの動線を遮らないような位置，柱の脇など目立たないような場所をできるだけ早く見つけて撮影するようにしています。そして，最近はカメラが進歩して逆光補正機能がついているのであまり気にしなくてもよくなりましたが，バッテリーの消費を考えると，できれば直射日光が

当たったり逆光になったりしないで撮れる場所も探し出すようにしています。

　同じ園やクラスにしばしば通っていると，自然に保育室や園庭のどの場所から撮ると良いのかがわかってきます。初めて訪れる園ではなかなかそううまく見つかりません。早めに園に着くようにしたり，試行錯誤したりしながら一番良い場所と方向を探し出すようにします。

（6）どんな構え方をするか

　手ぶれ補正機能が充実している現在のカメラでは，以前のようにカメラが揺れないように，細心の注意をはらい，咳はもちろんのこと深呼吸もできないなどということはなくなりました。しかし安定した画面になるようにカメラをしっかり支えて持ち，それが"無理なく長時間続けられる"構え方をする必要があります。最近のカメラは軽量になりましたので撮り続けることが楽になりましたが，軽量のため簡単に動いてしまうことがありますので注意が必要です。そこで，私は図4-2のような持ち方（構え方）をしています。〈良い例〉のように右肘を脇腹に固定し左腕で支え，カメラができるだけ体に密着するように構えます。肘を脇腹に固定するのは，安定させることが一番の理由です。そしてカメラを常に体に固定した態勢にしておくのは，自分の体の向きに合わせてカメラも同じ方向に向くからです。つまり私の体とカメラが一体になって動くようにしておけば，私が体を向けて見ているものをカメラも同時に撮ることができるからです。そのようにしておけば，いちいち撮りたいものが画面に入っているかどうかオープンファインダーを覗きこまなくても済みます。カメラを持つ手の手首が疲れてカメラレンズが下方に向いてしまうことがあるので時々上下の向きをチェックするようにはします。これも，ごく最近のカメラの軽量さによって必要がなくなるでしょう。

　撮影が始まったら，ほとんどこの姿勢は崩しません。スイッチがONでもOFFでも（つまり撮影していてもしていなくても）常に構えは変えません。常に同じ構えをして，カメラのレンズをのぞいたりファインダーをチェックしたりしないように心掛けるのは，自分の目で絶えず全体の動きを捉えておきたいと

Ⅰ　映像で保育を振り返る

〈良い例〉　　〈悪い例〉　　〈悪い例――カメラ〉

図4-2　構え方

いうことと，できるだけ子どもたちを刺激して注意をこちらに惹きつけないようにするためです。少しでも保育の空気を変えないようにしたいためです。子どもは（保育者もそうだと思いますが），撮影者の目や顔全体がカメラに隠れて見えなくなると何か不安を感じるようです。自分たちの何を見られて（撮影されて），そのことをどう評価されているのか撮影者や観察者の目つきや表情で察知しているように思われます（このことについては，Chapter 3で説明しました）。

　子どもに目立たないように撮りたい，という思いから，一度カメラを腰の位置に抱えるようにして撮ったことがあります。そのビデオを再生してみると，自分が観察していたものとは随分違うものが記録されていました。子どものトラブルを撮ったつもりが，手前の子どもの頭や身体が邪魔して録画されていなかったのです。「カメラの位置（高さ）によって撮られるものと，観察者に見えるもの」が異なることを教えられました。目の高さが違う子どもと大人（観察者）が実際に見ているものは異なることも再認識されました。そして，ビデオカンファレンスでは，撮影者が見たり感じたりしたことと，ビデオが記録しているものが，セットになって意味があるのだと認識しました。

　やはり，「誰が撮った（観察した）ビデオなのか」という撮影者の主体性は重要だと思います。「観察することと感じること，そして撮ることは分かちがたいこと」だということを確信したのです。

（7）何を撮るか，何を撮らないか

「何を撮るのか」の前に，「何を撮らないか」について述べます。基本的に，私は撮られる人が撮られたくない場面，緊張する場面は撮らないようにしています。例えば一斉指導の場面はできるだけはずします。そのことに対して「それでは，保育者の指導力の振り返りにはならない。何のためにビデオカンファレンスをするのか」という質問や批判を受けることがあります。もちろん，研究保育として一斉活動場面が撮影時間として設定された場合には，一斉活動を撮りますが，一斉活動場面だけが保育の指導力を見る場面ではないと考えていますし，自由に子どもが遊んでいる場面で，保育者がどのようにかかわっているかを見れば，指導力や保育の質に関する重要課題はおのずと見えてくるのではないか，と考えます。

保育者が前面に出る一斉指導場面でなくとも，そこから浮上してくる問題は，子どもを一斉指導する時の指導方法のヒントになります。

そして，保育者各自が明日への希望をもちながら「今度はこうしてみよう，こうしたらどうか」など保育者自らが指導の方法を主体的に工夫していくことが大切だと考えます。これは保育者としてもっともやりがいのある部分ではないでしょうか。したがって，そのような，明日への前向きな保育姿勢を作るための「子ども理解」「子どもの世界のおもしろさに惹きつけられる」場面のビデオを提供することこそ，一斉指導場面のビデオを提供することよりも重要だと考えているのです。

担任が撮ってほしいと思っている場面や子どもがいる場合，それを参考にしながら撮るようにしています。しかし，すべて担任の希望通りの場面を撮るわけではありません。撮る側の主体性の問題になるからです。撮りながら，撮影者（観察者）自身が惹きつけられていく感覚を大切にしたいと思っています。観察者が惹きつけられ心を動かす場面は，子どもの内的な世界が素直に表現されています（そう思えます）。そのような記録は，あとで見直す時やカンファレンスの時に，真実に迫ろうとする気持ちを起こさせます。もちろんここにも，撮影者の個人的な好みや惹かれる保育の傾向が反映される可能性は排除できません。

（8）撮る視点（＝考察の視点）は何か

　初期の頃「何を撮ろうとして撮影したのか，撮影の視点は何か」という質問を多く受けました。その裏側には，視点も決めずに"ただ思いつくまま撮った"ビデオには研究としての意味がない，という指摘が含まれていました。研究資料にするビデオならそれが問題になるかもしれません。しかし研究者からの指摘だけでなく，被撮影者や同じ園の保育者からも同じように聞かれることがありました。特に保育者から聞かれるのは，私（撮影者）が何者か，何の目的で撮っているのか，どのような見方で撮っているのか（つまり，私の保育の見方）を十分に理解していただけていない時に多かったように思います。

　撮る視点は特に決めていない，というのが私の答えになります。ただし大まかにはもっています。その時々の私の問題関心，継続して撮っているグループ，担任（＝被撮影者）の知りたい（後で見てみたい，気になっている，わからない，など）場面や子どもを観察（＝撮影）の対象にすることが多いです。非常に大まかであり，その時々によってうつろう，柔軟さ（＝アバウトさ）がある撮り方であると言えるでしょう。

　さらに，撮りながら惹きつけられ"生まれる"視点，を強調したいと思います。視点は"撮りながら生まれる"と考え，「発見的な撮り方」をするほうが良いような気がしています。今日はこのことについて撮ろうと細かく決めて撮影（観察）に入るとだいたい失敗しています。子どもに対して「見せてください」という気持ちで，落ち着いて心を集中させられた時は，おもしろさが見つかり，視点が生まれてくるような気がします。

　現場で，これからビデオを撮ってみたい，ビデオカンファレンスを行いたいという保育者から「どんな場面を，誰を中心として撮るのか。あらかじめ決めておくのか。研究テーマとの関係は？　それらを決める時の注意点は？」などの質問を多く受けます。それだけ，撮る時に悩むことなのかもしれません。しかし，この問題は，撮られる側の気持ちの問題，撮り手と撮られ手の信頼関係の問題，研究テーマとの関係，などが絡み合い，そう単純には決められません。いい加減なようですが，各自が自分で保育をする時のように，気になる部分や

惹きつけられた部分などを撮って，自分なりに慣れてつかんでいくことなのではないでしょうか。

　子どもの考えていることや感じていることに共感し，おもしろがりながら撮る，願いをもって撮る，信じて撮る，発見しながら撮る，驚きながら撮る，つまり撮影者が心を動かしながら撮るというのが基本にあるような気がします。

　そして，あれもこれもと欲張らずに撮る，辛抱しながら撮る，というのがアドバイスです。時々「どうして，こんなにおもしろい場面が撮れるの？　よほど良い保育をしているフィールドなんですね。とてもうちの園では（無理）」などと言われることがあります。私はそうは思いません。どんなに荒れている，つまらなそうに思える保育でも，そっと静かに子どもの傍らから辛抱強く見続け（撮り続け）ていると，必ずそこに「子どもの真実性を表す世界＝おもしろい世界」が"見えてくる"と確信しています。今でも時々あるのですが，観察できる時間が短くて焦っていたり（ひとつのクラスを1日かけて観察できればよいのですが，午前中で園内のすべてのクラスを対象にしてください，などとリクエストされると本当につらいです），何か偉そうなことを発見しなければならないと思っていたり（園内研修の講師として，何か保育に指導助言を言わなければならない立場に立たされるとこれもつらいです），なかなか自分の心が動かず（多くの場合，自分の体調や気力が十分でない時）焦って次々と場面や対象を変えてしまうと，子どもが自分の世界を十分に表現し合っているような充実した保育の現場であっても，いわゆる「おもしろい」ビデオは撮れません。

2 ｜ 撮ったビデオは誰のものか

　プロローグでも述べたように，私の感情が動き，その子に私の思いを寄せながら「撮る」時に，初めて子どもの姿を「見る」ことができると思うのです。私が「見た」ように「撮る」のです。初めから詳細な撮影意図や撮影の構想ができるはずもなく（そのため，研究的に価値がないとされることがありますが），ましてや研究のための資料集めとしての撮影ではないのです。子どもと出会い，

I 映像で保育を振り返る

子どもに感じ，私の経験のすべてを動員し頭と心を使いながら撮る（＝見る）のです。とりあえず撮っておいて，あとから分析するなどということはできませんでした。撮っている時（＝見ている時）にまったくこちらの心が動かないものは分析のしようがない，というのが私の撮り方です。誰が撮っても同じではないのです。当然，保育室のどこかに仕掛けておいたビデオカメラが自動的に撮影していたビデオ映像を後で考察するのとは違います。したがって，記録された映像は「私（撮影者）」が色濃く反映されていますし，私の保育の見方の表明でもあります。ですから，撮ったビデオは私のオリジン（出所）が尊重されるべきだと思うのです。「岸井さん慣れているから保育を撮影に来てよ。撮ったビデオは研究に使うので置いていってね。新しいテープと交換ね」というのは受け入れられません。保育者の方々は保育を提供し，時にはあまりうれしくない感情を抱くこともあるなかで，保育を開いて（見せて）下さるのですから要求があれば当然のこととしてコピーを差し上げます。実際には相手が見直す時間がないことがわかっているので，必要な時に必要な部分を渡すことが多いです。また，研究発表や出版など公表の際にはきちんと許諾を受けることは当然です。

3 公開すること，ほかの人と議論すること

　最後に，自分の観察（撮影）した内容（記録）を積極的に公開し，ほかの人と議論することの大切さについて述べて，第Ⅱ部への橋渡しにしたいと思います。

　ビデオを撮った後，最初に行う公開は，保育後に行うビデオカンファレンスです。自分の撮ったビデオを園内の先生方と見ながら共感したり議論したりします。そのほかにもいろいろな機会はあるはずです。個人的な小さな研究会，大きな研修大会の提案者として，あるいは分科会で，など機会を見つけて積極的に公開するようにします。公開することになると当然何回も見直すことになりますし，自分なりの発見や驚きを自分の言葉で語ることにもなります。また

発達

Quarterly Magazine ── HATTATSU

1・4・7・10月 各25日発売　B5判美装・120頁
本体1500円＋税／年間定期購読料 6760円

毎号の購読に便利な定期購読をぜひご利用ください

［入手方法・ご購読方法］

- ●書店店頭でご購入いただけます。なお、店頭に在庫がない場合は、バックナンバーを含め、書店を通じてお申し込みいただけます。

- ●小社に直接お申し込みいただく場合は、本紙についております振込用紙に「ご住所・お名前」と「何号から定期申込み」とをご明記のうえ、郵便振替にて１年４号分の定期購読料6760円（税・送料共込）をお送りください。毎号郵送にてお届けいたします。

- ●その他、ゼミや研究室単位でのご採用をご検討の場合は、小社営業部までご連絡ください。

［お問い合わせ先］

ミネルヴァ書房営業部
　Tel：075-581-0296　FAX：075-581-0589
　Mail：eigyo@minervashobo.co.jp

＊価格は2013年3月現在のものです。

乳幼児期の子どもの発達や、それを支える営みについて、幅広い視点から最新の知見をお届けします。子どもを取り巻く環境が大きく変化する今、現場の保育者から研究者・学生まで、保育・発達心理にかかわるすべての方に役立つ内容です。

特集

毎号、保育・発達心理を中心に、今知っておきたいトピックを特集。

連載

充実の連載で、発達をとらえる多面的な視座を提供。

保育に活かせる文献案内
汐見稔幸

ことばとコミュニケーションを科学する
玉川大学赤ちゃんラボ

人との関係に問題をもつ子どもたち
《発達臨床》研究会

霊長類の比較発達心理学
松沢哲郎／明和政子／平田　聡／林　美里

障がいのある子の保育・教育のための教養講座――実践障がい学試論
佐藤　曉

育つということ――発達臨床のフィールドから
山上雅子

発達読書室

著者が語る
著者自らによる新刊案内

書籍紹介

◆バックナンバーも充実

書店にてお申し込みいただけます。133号まで、各巻本体1200円＋税。在庫のないものは、オンデマンド版（各巻本体2200円＋税）でご用意いたします。

＊本紙に掲載の情報は2013年3月現在のものです。　201303010000

払込金受領証

口座番号	加入者名	金額	ご依頼人	料金	特殊取扱
01020-0-8076	株式会社 ミネルヴァ書房				

通常払込料金加入者負担

受付局日附印

記載事項を訂正した場合は、その箇所に訂正印を押してください。

切り取らないで郵便局にお出しください。

払込取扱票

通常払込料金加入者負担

	口座番号	加入者名	金額	料金	特殊取扱
02 京都	01020-0-8076	株式会社 ミネルヴァ書房			

通信欄

※ご注文の際は必ず書名をお書き願います。

季刊『発達』申込　　号より1年分
定期購読料（送料・税込）6,760円

ご依頼人

おところ（郵便番号　 -　 ）

おなまえ　　　様

（電話番号　　-　　-　　）

受付局日附印

各票の※印欄は、ご依頼人において記載してください。
裏面の注意事項をお読みください。　（私製承認大第10496号）
これより下部には何も記入しないでください。

この受領証は、郵便局で機械処理をした場合は郵便振替の払込みの証拠となるものですから大切に保存してください。

ミネルヴァ書房

ご注意
この払込書は、機械で処理しますので、本票を汚したり、折り曲げたりしないでください。

お支払いのご案内

毎度お引き立てをいただきありがとうございます。
この振込用紙は、郵便局へのお振込専用で、手数料は無料です。
お振込の際は、お手数ですが、金額をお書き添えくださいます様お願い申し上げます。

ミネルヴァ書房
〒607-8494 京都市山科区日ノ岡堤谷町1
☎ (075) 581-5191 振替 01020-0-8076

この払込取扱票の裏面には、何も記載しないでください。

公開すればいろいろな人の見方，視点が出てきます。「なるほど」と思ったり，「どうしてそのような見方になるのかなぁ」と疑問に思ったり，自分の見方が揺さぶられたり強められたりします。

　そのようなことを何度も繰り返していくと，細かなシーンの一つひとつを頭のなかに具体的な映像として描くことができ，そして，語りたいことがより明確になっていきます。もちろん，すべてが明確な確信になるのではなく，いつまでも疑問として残ったり，自信のないものであったりすることはあります。それがまた，繰り返し見直し，公開の議論にさらされるうちに，ある時突然に解釈が変わったり，確信に変わったりさらなる疑問に変わったりします。このプロセスは，ビデオ記録のなかの子どもの世界に命を吹き込む作業だと思います。そして，このような命を吹き込まれたビデオ（子どもの世界）がいくつも手元に残った時，何かが言えるようになるのではないかと思います。ほんの数分のビデオで「たまたまそんなことがあった」というような one of them のエピソードが，子どもの世界の真実（の一部）を言い当てることにもなるのではないかと思います。

　ですから，撮ったビデオをシーン別，活動種別，年齢別，などで分類し，きれいに整理してそれで終わりとは思わないのです。あらかじめ，どこかの理論を下敷きに，整理したビデオ記録のなかから選んできたり，その理論を言い当てるような場面を選んで撮影しようとは思わないのです。子どもたちが保育者とともに生活しているそのままをすくい取って見たいと思うのです。

II

子ども理解を深めるための
ビデオカンファレンスの実際

Chapter 5

ビデオカンファレンスの実際

Chapter 5　ビデオカンファレンスの実際

1 「カンファレンス」について

　「ビデオカンファレンスの実際」について述べる前に，ここで一般的な「カンファレンス」について簡単に記しておきたいと思います。「カンファレンス」とは英語で conference，つまり会議あるいは協議会という意味になりますが，医療・看護分野，法律分野，臨床心理分野などの様々な専門分野において古くから症例検討会，判例検討会，事例検討会（ケースカンファレンス）などと呼ばれ行われています。具体的な事例をもとに集団で話し合い，その事例についてより望ましい判断や対応を探求し，検討会での論議を積み重ねていくことによって，参加者それぞれが専門家としての見方・判断力・技術を養い，成長をしていくことを目指して行われています。
　医療などの分野とまったく同じとは言えませんが[1]，教育の分野においても，その必要性が認められるようになっています。教育カンファレンスを日本ではじめに提案，試行してその重要性を訴えてきた稲垣忠彦は，教育現場にカンファレンスを取り入れ，教師の専門的力量を高めることについて次のように書いています。「医師が病院や研究会で，臨床の事例に基づき，その事例に対する参加者各自の診断をつきあわせて検討し，その論議を通してより適切な診断を求めるとともに，そのような検討，研究をとおしてプロフェッションとしての医師の力量を高めていくように，教育の実際においても事例に即して検討を行い，専門家としての力量を形成していく場をつくり，それをプロフェッションとしての成長，発展の基盤として位置づける」[2]。
　森上史朗は「医療や臨床心理の現場では，特定のクライエントをめぐって多

---

[1]　医療分野での「ケースカンファレンス」は，そこに参加する複数の専門性をもったスタッフが，患者により良いケアを行うために，診断と治療法について論議し意見を統一していく。それぞれの専門性を高めるという点では教育・保育カンファレンスと共通するが，会議において一定の統一見解をもつ（例えば，治療方針の決定）ことを目指す場合が多く（常にということではないが），その点では異なると考える。

[2]　稲垣忠彦『授業研究の歩み』評論社，1995年，p. 323.

Ⅱ 子ども理解を深めるためのビデオカンファレンスの実際

くの専門家による協議，すなわち，ケースカンファレンスが行われてきている。それが保育や授業にも適用されるようになった。保育カンファレンスは医療などとは違って，個人だけではなく，保育者や友だちとの関係的視点も重要になる[*3]」として，医療とは異なる視点，すなわち特定の子どもだけを取り上げて考えていくのではなく，周囲の子ども同士や大人との関係性をも捉えていく必要性について指摘しています。さらに森上史朗は，「実践の省察とカンファレンス」で，保育カンファレンスをする際に重視すべき次の４つの要点を挙げています[*4]。

① １つの「正解」を求めようとせず，多様な意見が出されることによって，多角的な視点が獲得され，自分の枠が広がる。

② 建前でなく本音で話すこと。「共感」が大事であるということがわかっていても，共感できない自分があることをさらけ出す必要がある。

③ 先輩が若い人を導くということではなく，それぞれがその課題を自分の問題として考えていく姿勢をもつこと。

④ 相手を批判したり，優劣を競おうとしないこと。他人の意見が間違っていると感じた場合でも，それをよい方向に向けて建設的に生かす方向を大事にする。

これはアイスナー（Eisner, N.）の提唱する「教育的カンファレンス」の考え方，つまり，「教える－教えられるという関係のなかで，どこかにある正解を求めていくのではなく，多様な立場からの評価の突き合わせをすることによってより深いレベルでの実践の捉え方や，自分の捉え方を広げ養っていく[*5]」という考え方と通底するものだと考えます。

このような考え方で行われる，ビデオによる「保育カンファレンス」すなわち「ビデオカンファレンス」は，参加者たちがビデオを見て保育の良し悪しを

＊３　森上史朗・柏女霊峰編『保育用語辞典第７版』ミネルヴァ書房，2013年，p. 195.

＊４　森上史朗編『幼児教育への招待』ミネルヴァ書房，1998年，pp. 156-157.

＊５　Eisner, N., On the uses of educational connoisseurship and criticism for evaluating classroom life. *Teachers College Record*, 78(3), 1977.

判断する場ではないということをまず確認したいと思います。また，すでに終わってしまった保育について「どうすべきだったのか」「ああすればよかった」などと保育者の行った援助を批判する場でもありません。もちろん保育経験の長い保育者が一方的に経験の短い保育者に「教える」場でもありません。保育のベテランも*6，研究会の講師も，新人も，参加者のそれぞれが各自の視点で見て，それをオープンにし，互いに交流し合う場なのです。交流し合った時に，自分とは異なる意見に触れることで，自分の価値観や保育に対する考え方が揺さぶられ，より明確に自覚されるかもしれないのです。結果がすぐには表れないかもしれませんが，自分の考え方に異なる考え方が加わり結果的に拡大深化されることでしょう。

このような，保育に対する自分の考え方が思いがけず揺さぶられたり崩されたり，新たな方向が感じられたり確信したりすることが積み重ねられる"動態（プロセス）"としての"集団で行われる省察（振り返り）"が保育カンファレンスなのではないでしょうか。保育カンファレンスは気の長い保育の振り返りと自分の保育観や子ども観によって行われる保育行為の修正の連続だと言えます。

そのような保育カンファレンスが行われるためには，基本的にそれぞれの参加者が自分の感じ方や考え方を素直に表明し合うことが必要になります。つまり，参加者同士に対等な関係がなければなりませんし，一人ひとりが自分なりの見方，考え方をもつことが必要になってくるでしょう。その意味で，経験者が若い人の意見に耳を傾け，そのなかから重要な意味を聴きとることをしなかったり，反対に若い人が意見を出しやすくするためと称して経験者が必要以上に自分の意見を抑えてしまったりすることも保育カンファレンスにとってマイナスだと考えています。

＊6　「経験者」について，私たちは看護教育で名高いナイチンゲールからも学ぶことができる。ナイチンゲールは「経験から学びとれずに（前の人が）ずっとそうしてきたからといって"前任者の過ちをそのまま行っている"人も『熟練者』と呼ばれている」ことを指摘している。保育の経験についても共通する部分があると考える。

2 どんな場で行うか

　一口にビデオカンファレンスと言ってもいろいろな行い方や場があります。日頃一緒に保育をしている同僚同士で園内研修の一環として行う場合，お互いの考え方や保育実践の背景がある程度似ていたり理解し合ったりしている保育者の仲間同士で行う場合，都道府県単位の研修大会分科会などのように100名近いあるいはそれ以上の参加者数で，参加者それぞれの考え方や保育の条件が大きく異なっている場合などです。つまり，人数や参加目的，ビデオカンファレンスに期待する内容，継続性などの違いがあります。

(1) 園内研修として行う

　園内研修として行う場合には，参加者は日頃一緒に保育をしている同僚や上司であることがほとんどです。1日の流れや活動環境など保育条件や保育に対する考え方・価値観が大体同じと考えて良いでしょう。そのような園内の保育者が自分たちの保育（多くの場合特定のクラスの保育）を見ながら，話し合い，発見し合い，考え合っていきます。

　その時に問題となるのは，園内の組織としての上下関係です。上下関係を意識して，立場や経験が上の人が「こんなこともできないの」と若い保育者の保育を否定したり欠点を指摘したりなど，「教えよう」という意識が強いと，ビデオカンファレンスが活発になりません。若い保育者も「経験者がそういうのだから」と，言われたことをそのままうのみにするようでは，やはり活発なビデオカンファレンスにはなりません。お互いが自分とは異なる見方や考え方をさらけ出すことが必要なのです。これがなければお互いにとって，「やって良かった」「おもしろかった」「またやってみたい」というビデオカンファレンスにはなっていきません。なお，このビデオカンファレンスにおける参加者の個性と対等性については Chapter 7 で改めて説明したいと思います。

（2）園内研究の一部として行う

　園内で行われるビデオカンファレンスで，その園が研究指定園になっていたり，研究をまとめて発表することが決まっていたりする場合があります。この場合は決まっている研究テーマにそって，子どもの姿を記録し，それに基づいて検証するためにビデオが記録（資料）として使われることも多くあります。

　現在のビデオ機器はかなり進歩して，ビデオのなかからここぞと思われるシーンを写真として切り出し，それを報告書のなかに挿入することも簡単にできるようになりました。

　また，ビデオから子どもの気持ちや，保育行為などを豊かに学び取っていくというより，研究テーマに沿った場面を撮影し，研究テーマに沿った読み取りをしていくことも多いので，撮影や考察の時に注目点をあまり狭くしないようにすることも大切だと考えます。特定の子どもや特定の事象・場面だけを取り上げていくと，保育の全体性，複雑な絡み合いが消えてしまう（見えなくなってしまう）危険性があるということだと思います。

　（1），（2）ともに園内で行うビデオカンファレンスです。ここで少し述べておきたいことは，園内でのビデオカンファレンス参加者のそれぞれがビデオカンファレンスに何を期待するか，ということです。特に，担任保育者と管理者（園長や副園長など。私は園長も保育者の一員だと思うのですが，最近ではそのように自身が感じていなかったり実際の仕事内容が管理的事務がほとんどだったり，という園長先生も多くいらっしゃるようです。保育者としての成長を考えるうえで，また子どもがより質の高い保育を受けられる，という点においてこれはとても残念に思われます）など，立場によってビデオカンファレンスに期待することは異なるように感じます。具体的にはまだ十分に資料が整っていませんので，ここでは「違い」があり，それらをどのように織り合わせていくかは，園内で行うビデオカンファレンスを考える時に重要なポイントであるという指摘だけにとどめます。

Ⅱ 子ども理解を深めるためのビデオカンファレンスの実際

(3) 保育者仲間の自主的研究会で行う

　月に1回程度"継続的"に集まり，自分たちの持ち寄ったエピソードを基に話し合う研究会などです。人数もそう多くないため発言の機会も得られやすく，活発な意見交換が行われることが多く見られます。

　しかし，このような自主的な研究会の場合は，参加者の「子どもの見方や保育に対する考え方」が似ているため，結果的に自分たちの考え方を追認したり強めたりすることにはなっても，自分の枠組みを大きく広げたり変えたりすることにはつながらないこともあります。このような研究会の場合は，努めて自分たちとは異なる意見，見方などに耳を傾けていく姿勢が必要です。新規参入者の意見や，まったく受け入れられないような（一笑に付されるような）発言に対しても否定したり排除したりせず，大事にしていくことが必要と考えます。

　このような研究会においても，撮影したビデオを使用することについて事前に承諾を得ることはもちろんですが，できるだけ当事者である担任保育者やその園の同僚保育者の参加が望ましいと考えています。

(4) 保育者の研修会（参加者が多数で，継続的ではない集まり）で行う

　地域毎の大きな研修大会やその分科会などで，映像を見てグループで話し合ったり講師の話を聞いたりする場合です。参加者は同じ保育者仲間といっても，それぞれ異なる園から参加していますので，それぞれがまったく異なる保育環境や諸条件，考え方で保育していることが考えられます。研修会に対する期待の内容も，話し合いのなかで自分の意見を表明することに慣れているかどうかなどにも違いがあると思われ，そこに難しさが予想されます。保育映像を見て話し合うことが初めての参加者や，すでに経験して慣れている参加者が混在していることがあります。そのためどうしても登場人物や状況が複雑でない，わかりやすいビデオを取り上げることになります。

　また，このような研修会では，時間の関係で何度も見返したり確認したりすることが難しく，最初の印象や講師の解釈，映像に含まれるナレーションに影響を受けやすく，結果として批判（その逆の賛辞）で終わってしまうことが少

なくありません。また，せっかく映像を見てもグループでの話し合いが映像とは無関係の話題になったり，映像には出ていない保育のありようへの想像についてだったりすることがあります。それらを回避するために，全体の流れを見る以外に，ポイントを絞って，ていねいに見る機会（時間）を用意する，シンポジウム形式で多数の異なる意見を登壇者が交換し合う場を用意する，など会の進め方に工夫をする必要があるでしょう。充実した話し合いにしていくためにどんな工夫があるのかについては，Chapter 7で詳しく述べたいと思います。ともあれ，いろいろな難しさや危険性をはらんではいますが，自分の園の保育以外あまり目にする機会がない保育者が，異なる園の異なる保育環境での子どもの活動の姿を見たり，違いや共通点を見出したりすることは，保育者の考え方の枠組みを広げていくうえで貴重な経験になり得るものだと考えます。「単なる勝手な，井戸端会議だ」「雑談だ」などと批判されないような工夫をして，保育ビデオをもっと研修に取り入れ，活用してもよいのではないでしょうか。

（5）保育者養成校の教員が保育理解を深め，共通理解のために行う

　養成校の教員など保育の周辺領域を専門とする教員が，それぞれの専門性を背景にもちながらひとつのビデオを基に意見交換する場合です。各自が「保育実践を見る目」を豊かにし，互いの保育観や子ども観，養成観について相互理解を深めることが可能です。

　しかし，このようなメンバーの時には，お互いの専門から「言いっぱなし」になる可能性もあります。お互いの意見をつなげて，保育の全体像に迫っていくような話し合いのリードや，互いの意見を聴き合う姿勢が求められます。また，ビデオに出てくる子どもの姿や保育の様子だけでなく，関連する情報を撮影者やその園の保育者（できれば担任などの当事者）から聞き取ることも必要です。いくら専門的な視点からの発言を大事にするといっても，保育一般に関する基本情報は共通なものとしてもって，そのうえで意見交換をすることが必要な気がします。

3 保育者が行う「ビデオカンファレンス」の目的

　保育者なら誰でも「より良い保育をしたい」と願っています。どんなに意欲が見られない（と，外から見える？）保育者でも，マンネリ保育を怠惰に続けている（ように見える？）保育者でも，「良い保育」をしたいと思っているのではないでしょうか。自分の「保育の質が高まる」ことをうれしく思わない保育者はいないでしょう。ただ，そのようなことを喜ぶ自分の気持ちを忘れていたり，自分が成長していく存在だということに気づかなかったり，「良い」保育や「質の高い」保育の物差しが違っていたり，いつの間にかどこかに忘れてしまっていたりすることはあると思います。

　保護者や園の上司・同僚から「良い」とされる保育が必ずしも子どもにとって「良い」保育とは限らないでしょう。また，他者の評価ではなく自分が納得した保育であれば「良い」というわけでもありません。「誰にとって」良い保育で，「何の」質が「どのように」高いのか，簡単に答えることはできません。保育観も子ども観も，社会観も，いろいろなことが複雑に絡み合っているからです。しかし，少なくとも保育という営みが，一方的に保育者（大人）が子どもに"与える"ものではなく，子どもと保育者によって共同生成（共同創造）されていく営みだと考えると，①共に生活し育ち合う相手である子どもを，真摯に誠実に深く理解しようとする，②自らの保育行為を振り返り問い直す，ことは欠かせないことだと思います。子どもと自分に目を向け，その両者によって共同創造されていく保育のなかで「本当に何が起きているのか，行われているのか」を考えていくことが，実践者にとって重要だと考えます。

　また，保育者は"ひとりで"子どもと保育しているわけではありません。協働している保育者同士で，子どものことを考え保育を考え合うことが，「保育の質」を高めることに欠かせない要件だと考えます。ひとりで静かに保育を振り返る「省察」を，共に振り返る「共同省察」にしていくことも，重要と考えます。そして，保育者が行う「ビデオカンファレンス」は，次のような4つの

目的に向かって行われるのにふさわしい方法であり，可能性をもっている方法だと考えています。

(1)「思いこみ」「決めつけ」から解放するために

　Episode 2-3 (p.45〜) のように，ミュージックベルを独り占めしていたように見えたあき子ちゃんも，私たちがビデオカンファレンスをしていくうちに，1音ずつがバラバラな楽器ではなく演奏したい曲に必要な音が揃って初めてその子にとっての"楽器"になることに気づくと，それまでとは異なるあき子ちゃん像に変わりました。

　また，「自分勝手な子」だと思っていた子が，実は「教師の言葉に忠実な子」だったと解釈が変化した次のようなエピソードがあります。

　担任から「自分勝手なところがある子」として説明され，そのように捉えられていた5歳男児（すすむ君）がドッジボールをして遊んでいる場面のビデオを見てビデオカンファレンスを行った時のことです。

　最初のうちは担任からの説明と同様に「自分勝手なところがある男の子で，ドッジボールのゲーム中でも目立って……」というのがその子に対する理解でした。しかし，ビデオを繰り返し見ながらいろいろな意見を聞いているうちに「よく見ると，担任の言葉をよく聞いていて，ほかの子どもたちよりも忠実に，担任の指示に従おうとしているのではないか。担任の指示が途中で変わってしまったため，結果として，自分勝手に動いているように見えてしまうのではないか」という疑問が出ました。

　さらに何回も，あるいはスロー再生でビデオを見返すと，確かに保育者が最初に出した指示（数人がボールを取り合う状況に対して「○チームのボールだよ。やり直し」という担任の指示）を受け止め，すすむ君は（ボールを取って，外野へ行こう）と行動しています。ほかの多くの子どもがボールの取り合いに夢中で，最初の担任の指示を聞いていないため，担任はゲームの流れを止めずそのままやり直しをしないで，ゲームを進行するようにと途中で考えを変えました。

　しかしすすむ君は，ほかの多くの子どもたちの動きや担任の思い（中断せず

Ⅱ 子ども理解を深めるためのビデオカンファレンスの実際

に続行する）に敏感に反応せず，保育者の最初の指示通りに動こうとしているため結果的に「自分勝手にボールを奪う子」「みんなが楽しもうとしているのに，自分の思いにこだわる子」として理解されてしまうのではないか，ということが確認され，すすむ君への評価が変化していきました。

そのほかに次のようなエピソードもあります。

「バカ」「バカっていったら，君がバカだ」と突然，派手に始まった2人のケンカも，それ以前の子どもの行動を映像でさかのぼって見ていくと，「自分が，積み木から飛び降りて頭を痛くした。だから，君も気をつけたほうがいいよ。こんな積み方は危ないよ」と積み木遊びをしている友達に注意したい気持ちから始まったものだとわかります。大人から見ると「突然」始まったように思われますが，子どもにとっては「必然」なのです。大人から見ると「わけがわからない，突飛な行動」も，子どもからすると「なるべくしてそうなった」行動なのです。

「（ほかの子に比べて）まだ"幼い"から」「まだルールを理解していないから」「衝動的だから」，などと，大人は自分たちが理解できないことを理解できないままにしておかず，何らかの理由をつけて納得しようとします。やがてそれが「思いこみ」や「決めつけ」になっていく可能性があります。しかし，この子がこんな表現をする，こんな側面をもっている，こんなに苦労している，など，保育後のビデオカンファレンスのなかで"じっくり"と子どもを見直すことで，こちらの子ども理解が変わっていくことはしばしばあります。つまり「思いこみ」や「決めつけ」が解かれて，広がっていくのです。

このように，ビデオを見ながら，日頃の様子を担任の話や記録から重ね，子どもの気持ちや育ちを理解していくのですが，その際大切にしていることがあります。それは「子どもが，そのように理解されることを，うれしいと感じる理解」ということです。「子どもは，このように理解されることを喜ぶだろうか」と思うことがあります。自分に置き換えて考えてみましょう。自分の保育中の姿を映したビデオを基に，「ああだこうだ」と第三者に決めつけられるのは不愉快ではないでしょうか。特に子どもは，反対意見を表明する機会もなく

説明できませんので、映像を基にその子の性格や、その時の気持ちなどを「勝手に解釈したり、決めつけたりする」のは慎重にしたいと思います。

「本当は、何がそこで起きていたのか」を第1に考え、子どもの気持ち、性格、傾向は「そのように考えられる、可能性がある[*7]」ということに留めたいと思います。また、マイナス面の発見ではなく、それが次の成長につながるような発見をしていきたいと常に考えています。

(2)「つもり」から「実際にしていること」への気づき

自分の保育行為や子どもの姿を映像で再現し、見てみると、「そうしていた『つもり』でいたことが、よく見直してみたら、子どもにとってはそうではなかったことに気づいた」ということがあります。つまり、保育者自身の「しているつもり」から、「実際にしていること」が見えてきます。

例えば、自分（保育者）は「やさしく」伝えた「つもり」でも、相手の子どもの表情やその後の行動から察すると、そうではなかった、ということもあります。「厳しく」している「つもりはない」けれど、その保育者の腕組みや、大きな身体が直立したままで高い位置から子どもに話しかけるその"身体"そのものが、子どもに「威圧感」を与えているエピソードにも出会いました。

また、ある保育園で5歳児クラスを担任しているベテラン保育者が子どもと園庭を移動する時や、集合している場所からわずか1～2メートル離れた場所へ移動する時に、必ず一人ひとりの子どもの手を握り「連れていく」ようにしていることが話題になりました。「なぜ、いつも手を引くのですか？ 子どもが自分で歩くことも、集合する場所に移動することもできると思うのですが」と質問したところ、その保育者はまったくその意識がありませんでした。「まさか、そんなことはしていない」と言いながらビデオを見返すと、なるほどい

---

*7 佐伯胖は、「どんな事実も見方を変えると『違うこと』として見直される可能性がある。そこで、話し手も聞き手も『自分には～というように見える（見えた）けれども、もしかしたら別な話なのかもしれない』と心のどこかに置きながら、その根拠となる観察事項や推論過程を提示し『より本当のことに近いもの』にしていくしかない」と述べている。佐伯胖「学び合う保育者」『発達』83、2000年、pp. 44-45.

ちいち手を引いて移動場所まで連れて行っていることがわかりました。そのベテラン保育者は思いがけない自分の癖に驚きましたが，早速自分の保育行為を見直し気をつけるようにしました。

またある保育者は，子どもと2人で話をする際に，自分の人差し指を何度もその子どもに向かって（拳銃のような形にして）指差す行動を無意識にとっていました。これも，ビデオで何度もその様子が見られて保育者自身が気づきました。

自分の「癖」は案外わからないもので，このような事例はたくさんあり，多くは笑い話になり，次からは消えたり減ったりする「癖」だと思われます。このような保育者の行動上の「癖」は気づくことができれば案外簡単に消えることも多いのですが，自分の見方や感じ方の「癖」は意識しないとなかなか変わらず意識しても変わるまでには時間がかかるようです。例えば，担任したクラスのなかで「気になる」子どものタイプが毎年同じようなタイプになる保育者がいます。一斉活動の時にみんなと同じように行動しないタイプが気になる（問題だと感じる）保育者もいれば，逆にいち早く一番前に集まってきて保育者に注目する子を「あの子は大人の目を意識していて少しも子どもらしくない」と気にする保育者もいます。

保育者の話のなかで，「そんなつもりではなかった」という言葉が聞かれることがあります。保育者の保育行為は，もしかしたら「つもり」の連続表現だとも言えるのではないでしょうか。そのような保育者の「つもり」が，子どもにとって「本当はどうだったのか」を問い直し，相手（子ども）の側から保育行為の意味を考えることは，子どもを相手にする実践者の義務であると思います。ひとりよがりの「つもり」を，開いていくひとつの方法として，自分の「身体」を見ることができるビデオカンファレンスは有効だと思います。

また，ビデオは，無我夢中で行う保育の真ただ中では気づかなかったことの発見ができます。保育を終えて，ゆったりした気持ちのなかで，落ち着いて，自分の意識や見方，判断の仕方を考えることが可能になります。このようなことから，ビデオカンファレンスは，内発的な省察の充実へと誘うものだと考え

られます。

（3）ひとりの省察を共同省察にしていくために──育ち合う保育者を目指して

　保育者は案外自分の受け持ちクラス以外の子どもの様子を知らないことが多いようです。もちろん園の規模や，日頃の保育者間のコミュニケーション状況，園内の研修会の有無や内容・方法などによる違いはあるでしょうが，特に保育室内での様子や，あまり目立たないごく普通の子どもに関しては，保育者同士よくわかっていないことが多いようです。

　お互いの保育を見合うといっても，教職員の人数や時間に余裕がなく，なかなか実現が難しいという声は多く聞かれます。

　例えば，関東圏の私立幼稚園の教員研修会において園内研修の分科会に参加した幼稚園へのアンケート結果を見てみますと，「園内研修をするに当たってどんなことが障害になっていますか」との質問に次のような回答が多く寄せられています。

・行事などの準備に追われることが多く，職員全体で話し合う時間の確保が難しい。
・日々の保育準備，話し合いなど，毎日の保育や目先のことが優先される。
・延長保育，課外保育等の関係で職員全員がそろって行う時間がなかなかとれない。
・園児数も多く，フリーの先生が少ないため保育を見合うことができない。
・バス通園なので，降園は一斉に行わなければならず，お互いの保育を見合うことが難しい（時間差をつけて，担任同士がお互いの保育を見合うことが難しい）。
・時差保育のため，全員がそろって1クラスを見ることができない。
・職員の人数に余裕がないため，ほかのクラスの保育を見る時間がとれない。
・保育を見合う環境を整えることが難しい。
・全員が見合える場を作っていくのに悩む。
・保育中なので，保育者がほかのクラスの保育を見ている間の，そのクラスの保育ができない。

　この結果から，実際の保育を互いに見合いたいという願いはもっているものの，それが難しい保育現場の忙しさや人的なゆとりのなさなどが見えてきます。

Ⅱ 子ども理解を深めるためのビデオカンファレンスの実際

　このような点からも、保育をビデオで撮影し保育後にそれを見て共通理解を図ることができるビデオカンファレンスは園内研修を通した保育者の質の向上に有効だと考えます。同じ子ども、同じ状況を、保育後に同僚と一緒に見て考えることができるのはビデオカンファレンスならではの魅力でしょう。

　例えば、保育時間が長く全員が揃うことが難しい保育園でも、午前中の保育を交代しながら観察できる人が観察・記録し、子どもたちのお昼寝の時間に話し合いを集中して行うなどして、ビデオカンファレンスの時間を作り出している園があります。また、撮影日に話し合う時間がとれない時、1～2日後の土曜日に話し合いを行うことも可能です。ただし、撮影日と話し合いの日はできるだけ近いほうが、話し合いは進むようです。保育者の意識は、常に前へ前へと向かっていきますし、子どもの様子も刻々と変化していきます。終わってしまった保育は、保育者にとってもう過去のことで、時間とエネルギーをかけて見直す気持ちのゆとりはないというのが正直な気持ちのようです。

　子どもの育ちや保育の問題は担任ひとりだけの責任ではないと考えます。ほかのクラス（園）の子どものことでも、もう少し「我がこととして問題を考え合う」ような、育ち合う保育者集団を作っていきたいものです。そのような意味からも、ビデオカンファレンスは有効な手段だと考えます。かつて「自分の知らない子どものビデオを見てもつまらない」と言い放った保育者がいましたが、たとえ自分の知らないほかのクラス、あるいはほかの幼稚園、ほかの国の子どもの保育ビデオを見ても、そこから何か自分の保育に関する刺激を受け取り学べる保育者になってほしいものです。

（4）明日の保育への希望につながるために

　保育者がひとりで行う省察も重要ですが、共同で行う省察も重要だということは前述した通りです。その時、ビデオカンファレンスが、ビデオに映る保育者の欠点を指摘するだけで終わったり、子どもの解釈で終わったりせず、「やって良かった」「わかってもらえた」「一緒にがんばっていこう」という気持ちにつながる「共同省察」になってほしいものです。ビデオカンファレンスのなか

で,「こうするべきだ」とか「〜のような援助が必要だ」という具体的な指導方法が明示されていないのに,終了後に対象クラスの担任保育者から「なんだか元気が出る」「明日はこうしてみようと前向きに思える」「明日が来るのが待ち遠しくなる」という声を多く聞きます。他者から「指摘」「指示」されなくても保育者自身が自分で気づく良さだと考えます。保育者は自身のなかには「こうしたい」「こうしたらどうだろう」という思いをたくさん秘めていると思います。子どもと同じように,保育者もまた「伸びようとする」気持ちや力をもっているのではないでしょうか。時々,この保育者自身が主体的に自分の保育を変えていこうとする力を信じられず,毎回の研修やビデオカンファレンスの最後に具体的な成果を求める人々もいます。具体的に次にどうするかを参加者で確認し,次回までに実行し,次回の研修やビデオカンファレンスではその結果を検証しようとする姿勢です。いわゆるPDCAサイクルの考え方です。結論を急がない,成果がすぐに目に見えにくいビデオカンファレンスに対して「あいまいで,何が育つのか,何がわかったのかはっきりしない。ただのおしゃべりだ」との批判も聞かれます。しかし,もう少し長い目で見るゆとりがほしいものです。保育者自身が自分で気づき,自分で考えて実行する楽しみや喜びを奪わないでほしいと思います。ビデオカンファレンスは漢方薬のように,じっくり時間をかけて保育の質を向上させると考えています。

4 ビデオカンファレンスでビデオを見る時の注意点

(1)「再現する」こと——ビデオは絶対か? 絶対ではない!

　保育の実践は再現することができません。保育の実践には,化学や物理学の実験のように条件を同じにして,もう一度同じ保育を再現し正しかったかどうかを確かめることができないという特徴があると考えます。仮説検証型保育研究の問題点はここにあると思われます。

　また,保育の実践は,常に,前へ次へと進み続けます。保育者は,その一瞬たりとも止まらない時間の流れのなかで,身体全体,全感覚を総動員してその

Ⅱ 子ども理解を深めるためのビデオカンファレンスの実際

瞬間,瞬間に判断し行為しています。保育のさなかに,自分の保育行為を冷静に振り返るということはなかなか難しいことです。保育中は常に「次」を考えているといってもそう間違いではないでしょう。したがって,保育のあとで,まだ保育の息づかいが身体のなかに残っている時に,今日の保育を振り返り「省察」し保育者としての力量を高めるのだと思います。

　その時に,自分の感覚をくぐった記憶をたどり,子どもの姿を思い出しながら自分自身でひとり静かに振り返る方法があります。そのことを同労の仲間に語りながら振り返り意味づける方法があります。また文字記録に表しながら,その過程で振り返り,納得し,意味づけることもあります。その文字記録を基に,再び仲間と振り返ったり考察したりする方法もあります。さらに映像を基に「もう一度,ゆっくりその場を見直してみる」「自分自身の行為が,子どもにとって実際はどのようであったのか,を見直し意味づけてみる」方法があります。これが,保育を撮影したビデオを基にして行うカンファレンス,すなわち「ビデオカンファレンス」です。保育を撮ったビデオは,再現できない保育を映像で再現することによって,保育後の「省察」の材料となります。

　しかしビデオは保育の"一部"を再現したものです。撮影者自身の視点が,どの場面にレンズを向けどの場面を切り取るか,どの子を中心に撮るかを決めています。日頃,保育者が子どもと共同生成的に行ってきている保育の全体像や,過去からその時までのかかわりの経過や積み重ねのすべては,画面には表れません。このことを頭に入れておく必要があります。つまり絶対視しない,ということです。

　担任や,周囲の保育者の語る物語や思いなどを切り離すことなくビデオの保育を見ていくことも大切でしょう。担任からの情報で初めてわかることや,意味が生まれることがあります。

　また,切り取った場面の周囲や離れた場所での保育がどのように行われていたのかを考え,保育全体とカメラで焦点化された部分とを往還させる視点も必要だと考えます。

　これらの視点は,参加者全員が必ずこのような見方をしなければならないと

いうことではなく，会の進行役やファシリテーター役^{*8}など，誰かがその役を引き受ければそれでよいと思います。活発にカンファレンスが行われる会では，自然にそのような視点が入り込んではまた消えて再び画面に集中する，などが行われていると思います。ビデオが絶対ではない，ということを頭のどこかに置いておけばよいのではないでしょうか。

（2）保育中にはできなかった見方や居方──ビデオだからできること

　日頃の保育のなかで，保育者がしたくてもできなかった見方や居方をビデオカメラが代わりにしてくれる利点があります。例えばひとりの子どもをずっと見続けたり，同じ場をずっと見続けたりするなどは，特に多人数を相手にしなければならない担任保育者にとって，なかなかできないことです。保育中の保育者は，子どもとの出会いの断片をつなぎ，間を想像や推理で埋めながら，子どもを理解し保育行為を行っていると言えるのではないでしょうか。

　しかし，ビデオを撮りながらひとりの子どもを辛抱強く見続けることによって，その子どもの行為の意味づけが大きく変わることは，当然ですがしばしばあります。例えば，Episode 5-1のような，子どもがプランターに水やりをしているエピソードです。ほんの5分くらいの短い時間に，この女の子は"6回以上も"，"同じプランター"の，"同じ場所"にたっぷり水やりをしています。しかも，その目指すプランターに行き着くまでに，何回も場所を間違えたり探したりしたのです。

＊8　ファシリテーター：facilitate（促進する人）の意。会議などで参加者の意見を出しやすくしたり発言者が偏らないようにしたり整理したりする世話人のような立場。議長とは異なり決定権はない。ビデオカンファレンスでは保育にひとつの正解を求めたり，相手の意見を批判したり意見の優秀性を競い合ったりというより，お互いが本音で意見を出し，それぞれの異なる見方・考え方を交差させることが大切である。したがって当然，ひとりのリーダーによって話し合いが方向付けられるよりも，ファシリテーター的な存在が望ましいと考える。

Ⅱ　子ども理解を深めるためのビデオカンファレンスの実際

―― Episode 5-1：水やりをする女児の思い ――――――――――――――――

　ふと気づいたら，えみ子ちゃんがジョーロを持ってうろうろと庭の端を歩いている。「どうしたのかな？　何か（誰か）探しているのかしら？」と思い，カメラを向けたところ，えみ子ちゃんはゆっくりと回りを見回し，すでに通り過ぎた場所にあったプランターを見つけて戻り，そのプランターにジョーロの水をまく。ジョーロが空になると，今度は大急ぎで園舎のはずれにあるタライまで走り，再びジョーロに水をたっぷり入れる。今にもあふれそうになっているジョーロの水がこぼれないようにそっと持ちながら，しずしずと歩き，また周囲を見回しながらうろうろと何か探している。「どこに水をやろうか迷っているのかしら」と思いながら見ていると，さっきと同じプランターを見つけて再びジョーロの水をやる。水をやりたいプランターが決まっているらしい。その後えみ子ちゃんは驚いたことに何度も"迷い"ながら，繰り返しずっと同じプランターに水をやった。

　ここまで見ていて，私はえみ子ちゃんが同じプランターに水をやっているだけでなく，同じプランターの"同じ場所"に水をやっていることに気づき，あわててえみ子ちゃんの手元にズーム・インした。

Scene 1　Scene 2

Scene 1　プランターを探して柱の間を迷っている。
Scene 2　目指すプランターに何度も水をやる。
Scene 3　水は常にプランターの同じ所にかけられていた。

Scene 3

138

4歳の女の子がジョーロを手にして迷っている姿に目をとめ、「なぜこんなに何回も迷うのだろう」「空間的位置関係をどうやってわかるのかな」「何回くらいで場所を覚えるのかしら」くらいの軽い気持ちで"見続けて"撮影したものです。たった5分の誰も気にとめないような姿のなかに、迷う子どもの姿や自分の目的の場所に水をやりたいという思いが見えてきて、単なる「植物のお世話が好きな女の子」から、「何か心のなかに目的や思いをもっている女の子」へとえみ子ちゃん像が変化しました。

　また、撮影中には「なぜ"同じ場所"に水をやるのか」理由がわからなかったのですが、担任の先生にそのことを尋ね「えみ子ちゃんがヒマワリの種をまいたのは、そのプランターの"その場所"」だとわかりました。

　担任保育者にはできなかった"見続けること"によって捉えた子どもの行動と、担任だからこそわかっていた（ヒマワリの種まきをしていた様子（位置関係）を覚えていた）こととを"関係づけた"ことによって、えみ子ちゃんにとってプランターへの水やり行為のなかに「"私（えみ子ちゃん）の"蒔いた種に、大きくなってほしいという"（えみ子ちゃんの）思い"」があることを強く知らされたエピソードでした。このような一人ひとりの「思い」が、それぞれにあることを忘れず、大切にしながら子どもの姿を捉えていかなくてはならないと感じました。「庭のお花に水をあげましょう」「みんなのヒマワリが大きくなるように水やりをしましょう」などと簡単に声をかけて済ませてはいけないのではないかと思わされたのです。子どもはそれぞれ、何らかの独自の思いをもちながら水を撒いているのです。子どもは"水撒きマシーン"ではないのですから。

（3）拡大解釈の危険性、感想表明で終わる危険性

　ビデオは繰り返し同じ場面を見たり超スロー再生で見たりすることができるため、だんだん解釈が固定化されたり決めつけられたりする可能性が出てきます。また、参加者が見ているうちに次第に同じような見方に偏っていく可能性もはらんでいます。本当にビデオで見えている部分から言える（と思われる）ことは何なのか、拡大解釈にならないように注意することが大切です。「そこ

II 子ども理解を深めるためのビデオカンファレンスの実際

まで言えるだろうか？」という気持ちで，時々自分たちの解釈にダウトをかけることも必要だと思います。

また，ビデオを見て感想を言い合うだけで終わったのでは「本当のビデオカンファレンスのおもしろさ」を味わえません。対象となった子どもや保育者の気持ちや，理由を解釈して，それでおしまいにならないように十分注意しなければなりません。参加者たちそれぞれがビデオのなかの保育の時間を生き，ビデオのなかの保育者とともに保育の「楽しさ」や「難しさ」を一緒に味わいながら，自分の保育の課題に向かっていく意欲や希望を見つけることができればよいと考えます。

(4) 保育者を責めることにならないように

保育者が保育後に自分が映っているビデオを見るのには少し勇気がいります。まして，そのビデオを何人かの他者が見ることは，どんな保育者にとってもある種の「つらさ」を伴うものではないでしょうか。保育について批判されなくても，ただ映像を見るだけで「つらさ」を伴うのが実践というものです。心と身体を使った保育行為を，外側から第三者として見られることはもちろん，自分自身が自分の保育を外側から対象化して見ることは，そんなに楽しいことではないようです。それぞれの保育者の性格や，それまでの経験や，園内での立場や状況，人間関係，自分の保育に対する問題意識のもち方などによって違うと思いますが，特に，被写体になる経験が少ない保育者の場合はそうです。

また，心と身体を使った瞬間的な判断を基にした保育行為は，感覚的なものです。頭で考えて行うというより身体・感情行為なのです。それを，保育後に，観察者やビデオカンファレンスの参加者から「なぜそうしたのか」「その時どんなことを思っていたのか」などと"言葉で説明を求められる"ことに苦痛を感じる姿も多々見られます。私自身，かつて保育者に言葉にすることを求めてしまった苦い経験があります。「保育をわかりたい」という熱心な思いからではありますが，担任保育者にとってはつらいものであったろうと申し訳なく思いながら思い出します。また，その逆に保育行為を理路整然と言葉にしてとう

とうと説明できる保育者に出会うことがあります。言葉で説明できるかできないかが問題なのでははなくビデオのなかの子どもと保育者の間に「本当は，何が起きているのか」をもっと問うことに向かわなくてはならないと思います。

このようなことに，温かい配慮をもちながら，話し合いをしていく必要があります。二度と参加したくない，自分の保育を見られたくない，保育をビデオで撮られたくない，と保育提供者が感じたならば，それはビデオカンファレンスとして失敗です。「やって良かった」「多少の痛みは伴ったけれど，自分の明日からの保育に意欲がもてた」という気持ちになれるような話し合いをしたいものです。

ともかく，撮影対象となった保育者がどんな援助や子どもとのかかわりをしていても，それがどんなに批判されるようなものであっても，「その時点では精一杯のかかわりをしている」という見方から出発して「そうせざるを得ない保育者」の気持ちや状況を忘れないようにしたいものです。自分の保育を開き，検討の対象としようとする保育者の傍らに共感的仲介者がいることも大切だと思います。少し大げさな言い方ではありますが，もともと保育は，欠点を指摘しようと思えばいくらでも欠点を指摘できるような特徴をもっているのですから。

5 保育者を目指す学生のための「保育カンファレンス」

ここまで，保育者が行うビデオカンファレンスについて，その目的やビデオを見る時の注意点などを述べてきましたが，保育者を目指して学んでいる学生にとっても保育の実践を基にしたビデオカンファレンスは有効です。

近年，保育者養成校における情報機器の教室内環境条件が整えられてきていることもあり，保育ビデオなどの映像を授業に取り入れることが多くなってきました。また，現在の学生は教科書などの文字情報から読み取るよりも視聴覚情報から読み取るほうが得意になってきています。さらに，小さな子どもと直接触れ合う機会の少ないなかで保育について学ばざるを得ない学生にとって，

Ⅱ 子ども理解を深めるためのビデオカンファレンスの実際

リアルな子どもの姿に少しでも触れられることは、授業への参加モチベーションを高めることにつながっていると考えます。

しかし、ここでも、注意しなければならないことはあります。学生が、保育の複雑に絡み合って成り立っている諸要素をまだ汲み取れず、表面的な方法や、目に見えることだけに注目し、それが映像であるためになお強く印象づけられてしまう可能性がある点です。授業者が意図しないメッセージのほうが、本来伝えたい情報よりも学生に強く伝わってしまうなどということも考えられなくはありません。

例えば、Chapter 2 の 1 で取り上げている「綱渡り」のエピソード（p. 37～）ですが、園庭の遊具にロープを張るということは、かなり安全への配慮がなされたうえで許されることです。しかし、保育の経験のまったくない学生は、綱渡りの楽しさばかりに目がいって、園庭にはロープでおもしろい遊具が作れる、と思ってしまう危険性があります。はじめにそのような説明や注意ばかりを聞かせるのがよいとは思いませんが、やはり映像が与える影響の強さを授業者は認識し、配慮しつつ活用することが大切だと感じています。目的や、学生の成長に合わせて見せることが必要だと思います。

また、別の例で、子ども同士のトラブル場面の映像を見て、それぞれの子どもの言い分を聞くことが保育者の援助だと理解し、子どもに応じた多様なかかわり方が大切だということがなかなか伝わらなかった経験があります。特に、「どうすればよいのか」というハウ・ツーを求める気持ちが強くなってきている学生気質を考えると、簡単に映像を見せることがプラスばかりだとは言えないような気もします。

私は毎回の授業後に授業の振り返りシートを学生から集めてコメントを返していますが、ビデオを見せた後にはどのように理解されたかを把握するためにも特に重要と考えています。やはり「見せっぱなし」ではいけないと考えます。

個人的な経験からは、まず 1 枚の写真から様々なことを読み取る経験をしてから、次第に動きのある映像へと誘導していく方法が、無理のない気がします。私の学生時代の授業で、テキストのなかの写真を次々と見て、感じたこと気づ

いたことを自由に出し合う授業が楽しかったことを思い出します。また，「保育はこんなに幅広いのだ」というメッセージを込めて，初回の授業で，特徴的な保育のビデオを次々と特徴的な部分だけ10本以上見せられた経験が私にはあります。その時は20年近く保育者を経験した後でしたが，自分が考えていた保育のイメージが大きく崩れ「いろいろな園の保育があるのだなぁ」と思い，もっと知りたくなりました。このような，学習の動機づけや固定的な概念崩しにも有効だと考えます。

最後に，保育者が行う一般的なビデオカンファレンスとは少し異なりますが，授業のなかで工夫した例を表5-1に挙げておきます。[*9]

表5-1 授業のテーマ：ケンカ（子ども同士のトラブル）について——どう受け止める，どうする？

対象	短期大学1年生	時期	5月26日 （3コマ連続授業）
学生の実態 子ども同士のトラブルが起きた時にどのように対応したらよいのか，非常に関心があり，また，今後の実習に行くにあたり不安に思っている。 学生は，既に4月の幼稚園施設の見学（保育後），保育参加（半日，1日）を経験し，そのなかで感じたことなどをレポートにまとめ，授業のなかで振り返っている。			
ねらい ・子ども一人ひとりにそれぞれの思いがあることを知る。 ・保育者は見ていないこともあるということを知る。 ・保育者は，具体的にどのようなかかわりをしているのか知る。 ・ていねいに，子どもの気持ちを聴くことの重要性を知る。 ・発達の違いに目を向ける。			
授業の流れ (1) VTRのなかのケンカの場面（前後を含む）を見る。 (2) それぞれの場面ごとに次の5項目にしたがって，ノートに整理する。 ①きっかけ，②ケンカ行動，③終わり方，④それぞれの子どもの気持ち， ⑤子どもはどんなことを学んだかについて (3) グループで意見交換し，ケンカについての自分なりのまとめを書く。			

---

*9 岸井慶子「授業『保育内容演習』報告」 千葉明徳短期大学研究紀要 (27)，2006年，pp. 81-100.

Ⅱ 子ども理解を深めるためのビデオカンファレンスの実際

使用したVTRと取り上げた理由
1．「3年間の保育記録3歳児編」（岩波映像株式会社）
　　3歳児のケンカの様子を知る。保育者が，ケンカの理由はわからないけれどていねいに，子どもの気持ちを聴いている場面を見る。（当事者）それぞれの3歳児の気持ちを感じる。
2．「A幼稚園」（4歳）（筆者撮影）
　　保育者の関与はないが，子どもが自分で気持ちを立て直す姿や，子どもなりに考えて遊びに復帰する姿を知る。
3．「きれたよ　あったかいよ」（4歳）（岩波映像株式会社）
　　保育者がていねいに身体全体でかかわり，聴く姿を見る。ちょっとしたきっかけで叩き合いになるケンカの様子と，怪我をしないよう配慮しながら落ち着いてそれぞれの子どもの気持ちを聴く保育者の姿を知る（同じ保育を短く編集したものは「タカちゃん　くるまをつくる」で同社から市販されている）。
4．「忘れてできる」（5歳）（岩波映像株式会社）
　　子どもなりに手加減しながら，強い言葉で言い合うケンカの姿を知る。さらに同じ子どもが激しいケンカをする傍らで，保育者が安全を確保しつつも見守ったり突き放したりする援助の姿を知る。仲間のひとりが解決に向けていろいろとかかわる姿（子ども同士の解決）や，子ども自身が時間をかけて納得して気持ちを切り替える姿に5歳児の「育ち」を感じる。
5．「3年間の保育記録5歳児編」（岩波映像株式会社）
　　保育者のかかわり方。子どもなりに手加減している姿。それぞれの子どもの気持ちについて考える。レストランごっこの場作りでトラブルになる場面。
※その他に，3歳児のケンカの様子では「せんせい　せんせい――3歳児の世界」（岩波映像株式会社），4歳児では「先生にもきかせて」（岩波映像株式会社）などを使用することもある。

授業後レポート
割愛（内容についてはp.143＊9で示した紀要に掲載しているので興味のある方は参照してください）。

授業の反省・評価
・ケンカは幼児が育つ上で重要なできごとだ。しかも保育者を目指す短大の1年生が一番悩むことのひとつである。学生の多くは「ケンカは悪いこと」「ケンカはやめさせなければ」と思っている。この授業を通して，ケンカにも学ぶことがある，とほとんどの学生が気づくことができた。
・ケンカの終わりかた，終わらせかたは「ごめんなさい」を言うこと，とステレオタイプで考えている学生が多いが，この授業で取り上げたVTRはどれもそのような解決ではなかった。表面的な行為（＝謝る）ではなく，子どもの内面に向けた見方を（学生自身のなかに）育ててほしいと願う。その点からも，1本や1場面だけのビデオではなく，いくつかの場面を集中的に見せることは必要だと考える。
・経験豊かな保育者だからこそできることがあることも同時に知らせていくようにする。見守る，すぐに止める，話を聞く，など子どもの発達や，トラブルの状況，安全性などを考え，いろいろなかかわり方があることを理解させる。
・もちろん，保育（の一部）を切り取ったVTRをさらに切り取ってくることに慎重でなければならない。

Chapter 6

ビデオカンファレンスを行うための
準備と基礎知識

さて、「ビデオカンファレンスに興味があるので、実際に園内研修会や仲間同士の研究会でやってみたい」という保育者の方たちの声を多く聞きます。しかし「どのように進めたらよいのかわからないことが多い」というお話も聞きます。「私は機械類に弱くて」と消極的になられる保育者もおられるかもしれませんが、ご家庭で日常的に使われているテレビやパソコンでも十分にできます。ここでは、具体的にどんな機器が必要なのかなど、ごく初歩的な機器・方法について述べてみたいと思います。

1 ビデオカンファレンスを行うための準備

（1） 機器は何を用意すればよいのか

　園に用意されている、テレビとビデオ再生機一式が利用できます。まず、園内にどのような機器があるかを調べてみましょう。そして、その機器に合った端子を調べてみましょう。

　①テレビ＋ビデオ（DVD）再生機＋ビデオ（あるいはDVD）
　②テレビ＋ビデオ再生機＋PC
　③テレビ＋ビデオ再生機＋カメラ
　④スクリーン＋ビデオプロジェクター＋PC
　⑤スクリーン＋ビデオプロジェクター＋カメラ

①から⑤のいずれかの条件が整えばビデオカンファレンスは行えます。また、スクリーンは白い壁、模造紙を貼った壁でも大丈夫です。

（2） ビデオカメラの選び方

　カタログや店舗を見ると、様々な種類のデジタルビデオカメラがあります。また、デジタルカメラのなかにも動画撮影に強い機種も出てきました。

　価格も重要な要素ですが、持ち運びや撮り回しを考えて「重さ」や、遠くからでも子どもの表情を捉えることができるズーム（望遠）性能、なるべく広い範囲を収められる広角性能、音声を明瞭に聞き取れるマイク性能、屋外でも

はっきりと見える液晶モニター,等も重要です。画質については高画質に越したことはありません。写真として切り出したり,超スロー再生をしながら子どものちょっとした視線の方向などを捉えたりする時にその性能を発揮します。しかし現在では実売価格5万円前後の入門機でも,十分な画質をもっていることが多くなりました。

　また,撮影は長時間にわたることもありますので,バッテリーの持続時間は特に重要だと考えています。ビデオをすでに活用している保育者でも,バッテリーの保持時間が短い機種を使用されている方がいらっしゃるようです。特に自分で目的をはっきりさせずに購入したり,公立幼稚園・保育所などで役所から支給されたりした場合にそのようなことがあるようです。園での子どもの様子をメモ代わりに記録する場合や保護者に見せるなどの場合は,こまめにオン・オフして撮影することも可能ですからバッテリー保持時間が40～50分でも問題はないと思われます。しかしカンファレンスに利用したり,観察,研究目的に利用したりする場合は,連続した長時間撮影ができることが望ましいと思います。私も,肝心な場面でバッテリー切れになり非常に悔しい思いをしたことがあります。

　以上のようなすべての条件を十分に満たす機種は案外少ないようです。自分の目的を考えそれに合わせて選び,まずは購入し使ってみることがよいのではないでしょうか。

　現在の私のカメラは,ズーム機能とバッテリー機能を最重要と考えて選定し購入しました。

　以前の機種と比べると,比較的長時間撮影が可能になりましたが,バッテリーの充電管理と予備バッテリーの用意は必須でしょう。また,SDカード等の記録メディアを使用する機種については,予備メディアの用意もしましょう。突然,メディアが壊れてしまい撮影ができない場合も,十分に考えられます。

2 撮ったビデオの整理と保存

(1) どんな形式で，何に保存するか

　最近はビデオテープで保存することはほとんど見られなくなってきました。保存しても，再生する機器がほかの機種に変わっていることが多くなっていることと，保管するスペースの問題を考えると当然でしょう。湿気やホコリに弱く，画像の劣化も心配です。現在販売されているビデオカメラのほとんどがデジタル映像を何らかのメディアに保存するタイプになっています。

　パソコンの HD（ハードディスク）上で保管する場合，作業が手軽にできますが，ビデオ映像はデータ量が大きいためすぐに容量がいっぱいになるので，外付け HDD（ハードディスクドライブ）の用意が必要になります。私も自宅 PC に USB で接続する外付け HDD を 2 台接続しています。一般的なものであれば 1 台数千円から 1 万円前後で購入できます。文庫本サイズの持ち運びに便利なタイプや価格・容量・速度の点で有利な据え置き型のタイプがあります。HDD 上で保管する時にも，日時・場所・特徴的なトピックを記入するようにしています。

(2) 再生・編集ソフトにはどんなソフトがあるか

　PC を購入すると，多くの場合，音楽の再生ソフトや簡単な動画編集ソフトが，初めから利用できるように入っています。まずは，手元の PC で使用できるソフトを確認してみましょう（Windows Media Player や Windows Live ムービーメーカー等）。

　その他，無料・有料のオンラインソフトや市販ソフトが数多くあります。機能や価格も千差万別です。初めに「何がしたいのか？」というイメージをはっきりもつと，必要なソフトや操作が見えてきます。周囲の人や店舗の販売員に相談したり，様々な事例をインターネットで調べてみたりすることが重要です。

　私は動画再生には，「VLC media player」（無料ソフト），動画編集には，「マ

Ⅱ 子ども理解を深めるためのビデオカンファレンスの実際

イムービー」を利用しています（2012年6月時点，Windows 7 にて）。

（3）撮影日時や概要の記録の重要性

　PC 上や手元のノートに撮影日，場，年齢，撮影した時間（長さ）等の記録を必ずつけます。「必ず」とあるのは，それがないために内容が不明になったり活用できなくなったりした経験が私には多くあるからです。以前使用していたアナログカメラの時には，画面上に日付や時刻を記録して表示・非表示にすることができましたが，最近では特別のソフトを利用しない限りデータを動かした時の日時表示になってしまいます。これはフィールドノーツとは別のもので，あくまでも PC 上の管理に関してのものです。SD カードなどを利用する場合も，そのカードの中身についての情報が整理されていないと，いちいちPC に立ち上げて内容を確認しなければならなくなります。また，1 回ごとの撮影記録を SD カードにすべて保存していくのは費用がかかります。

　私は特に必要と思われるものは DVD に保存していますが，この作業は案外時間がかかることと，データ量が多いものは 1 枚に収まらず数枚の DVD に分けなければならないことが難点です。そこで，元のデータというよりそのなかの一部分のエピソードを保存することになります。できるだけ一部を切り取らずに保育全体を視野に入れながらエピソードを読み解きたいという思いからは離れて，エピソードがひとり歩きするのではないか，誇張した解釈，都合の良い解釈になるのではないか，と心配しながら使うことになります。

　あとで取り出しやすいように印象的な場面や取り上げたい場面などの写真を紙に印刷してコメントを付けておく保存方法もあります。

　整理をしなければそれは単なる場所ふさぎの"物"になります。研究資料としての価値はなくなります。せっかく保育を公開し被写体になってくださった子どもたちや保育者の方々に申し訳ないと思います。正直に言うと，私の撮ったビデオのなかにもそのようなものは結構あります。撮影したまま二度と見返していないもの，何が記録されているのか見当もつかなくなったもの，どうしてこの場面を撮ったのか，まったくその時の問題意識や感動が蘇らないもの，

などがしまわれたままになっています。リタイアしたらじっくり見直そうと思うのですが，その頃には再生機が変わって見直せなくなっているかもしれません。デジタル映像でも，劣化の心配があります。

　せっかく撮ったビデオを有効に活用し，保育の質の向上に役立てるためにも，まずは保管・整理をきちんと行う必要があるでしょう。

　しかし，一番肝心なのは，撮影した時の感動や心に残ったことがビデオとともに残されていることだと思います。撮っている（見ている）時に，どんな気持ちだったのか，疑問や発見はあったのか，伝えたいと思ったことがあったのか，話題に取り上げたいことはなんだったのか，などを自由に書くようにしたものもあります。それは，20年前のものであっても見返すと発見があります。さらに，時折それらをまとめて整理して書いたものも一緒にしておくと，その時々に考えていたことがはっきりしてきます。

（4）個人情報，肖像権への配慮

　どのような場合でも，個人が撮影したものの場合は肖像権への配慮は十分に注意を払わなければなりません。子どもの場合は，保護者の同意が必要でしょう。撮影時にはもちろんのこと，出版掲載，学会発表，その他での使用に当たっては被撮影者へのインフォームド・コンセント（説明と同意）が十分行われるようにします。この点については，『保育学研究倫理ガイドブック』[*1]が参考になるでしょう。次ページに，観察への同意，研究協力への同意を得る時の一例を示します。形式や内容はそれぞれの園の状況や，研究の方法，内容その他によって異なりますので工夫するとよいと思います。また，園によっては，入園時に保護者から許可を得たり，すでに同意書を得たりしている場合もありますが，園の責任者とも十分に話し合い，確認しておくことが必要だと考えます。

　なお，本書での映像（写真）等の扱いについては，「あとがき」（p. 207～）で示しています。

＊1　一般社団法人日本保育学会倫理綱領ガイドブック編集委員会編『保育学研究倫理ガイドブック』フレーベル館，2010年

Ⅱ　子ども理解を深めるためのビデオカンファレンスの実際

【研究協力へのお願い文書（参考例）】

「……（研究題目）……」への協力のお願い

実施責任者　所属・氏名

　標記の研究は○○倫理規定，□□大学研究倫理委員会規定に基づいて行われております。

　この研究への協力をお願いするため……研究内容について，同意をいただくための手続について以下のようにご説明させていただきます。説明をご理解いただき，この研究に協力することに同意してもよいとお考え下さった場合には，別紙同意書にご署名いただくことで，同意の表明をお願いいたします。

1．この研究の計画について

　　研究題目，研究を実施する機関と実施者，責任者，共同研究者（いる場合），研究の目的，研究（観察）期間，研究の方法（観察によって得られたデータの使われ方），資料の開示（閲覧の可能性），研究成果の発表方法などを書きます。

2．参加者（協力者）にもたらされる利益および不利益について

　　利益および予想される不利益がある場合に配慮する点（ない場合はないこと）を書きます。

○年○月○日

○○　様

別紙「○○研究への協力のお願い」に記載いたしました通りに研究を遂行いたしますので，研究（観察）実施をお認めいただきたく，お願い申し上げます。

　　　　　　　　　　　　　　実施者　所属・氏名
　　　　　　　　　　　　　　責任者（実施者と別な場合）

-------------------------------- 切り取り線 --------------------------------

研 究 同 意 書

研究実施を承諾します。

○年○月○日
保護者氏名(　　　　)印

Ⅱ　子ども理解を深めるためのビデオカンファレンスの実際

3 ビデオカンファレンスでどんなビデオを見るか

　「ビデオカンファレンスをしたいのだけれど，時間はどのくらいかかるのか，またどんなビデオを見ればよいのか」という質問も多く聞かれます。これは，どんなことを目的にするかによって違います。初めて保育のビデオを見る場合なら，20分くらいの市販のものを見て自由に話し合うことから始めてはどうでしょうか。カンファレンスの時間については，参加者の集中できる時間も考えると，長くて3時間くらいではないでしょうか。ビデオ視聴と話し合いを1時間半くらいで行っている園もあります。ビデオについては，市販されているプロの撮影者が撮ったもの[*2]で行う場合や，担任保育者が撮ったもの，園内の保育者が撮ったもの，研修会の講師など外部の者が撮ったものなどいろいろあり，それぞれの特徴や限界などがあります。

（1）市販のビデオを利用する

　市販のビデオには，時間も，ほんの数分間のもの，20分くらいから60分近くになるものまでいろいろあります。あくまでも私の独断であり，古い物が多いですが，それぞれの特徴などを次ページのように整理してみました。

＊2　例えば岩波映像株式会社では，1万5千円～3万円くらいの価格（使用目的によって多少価格に違いがある）で，保育のVHSやDVDを購入することができる。教育機関で貸し出しをしている場合もある。

Chapter 6　ビデオカンファレンスを行うための準備と基礎知識

【参考例（岩波映像株式会社資料より）】

題　名	授業で取り上げた際のポイント
『3年間の保育記録』 3歳児前半：38分 3歳児後半：35分 4歳児：46分 5歳児：57分	ひとりの男児を中心に入園から卒園までの3年間の様子を記録。入園当初の母親と離れがたい様子，次第に担任に打ち解けていく様子などがエピソードから捉えられる。3歳児前半の前半部，5歳児の前半部，同後半部の3部分などいくつかを取り上げて視聴することで年齢による変化を捉えやすい。
『もう一回やろうよ』 5歳児：21分	綱引きロープを使いながら，友達や先生と触れ合い自分から運動を楽しんでいる姿を中心に捉えている。子どもが自分から体を動かすことを楽しむ，そのための教師のあり方，環境のあり方を考えられる。
『いいこといいこと考えた──遊びで広がる数量の世界』 4歳児：21分	子どもが遊ぶなかにどのような数量体験があるのかが具体的に理解できる。知識として教えるのではなく，先生や友達との関係に支えられながら，充実した遊びを楽しむ姿のなかに数量体験があることがわかる。片付け，コマ回しなどのエピソードで環境の工夫や時間の理解について考えることができる。
『友達と出会う「やろか　ふたりで」(幼児理解にはじまる保育シリーズ④)』 4歳児：約5分 (全体22分)	4つのエピソードがあるなかのひとつ。フープを使った電車ごっこをめぐるエピソード。ビデオカンファレンスをする際に，短い時間で何度も繰り返し見ることができる。それぞれの登場人物に視点を当てたり，スローや超スローで見直ししたりして多くの発見ができる。
『光った水とろうよ──幼児の知的好奇心を探る』 4歳児：21分	子どもたちのつぶやきや何気ないしぐさのなかに，知的好奇心が見える。ビデオ中の解説が少ないので，そのままの姿を素材として考えることができる。新聞紙ちぎり，片付け，風と遊ぶなど保育者の援助を考えるヒントが得られる。「保育を見る目──先生ってなんだろう」は同じ記録を長く編集したもので，こちらも時間がある時には見ておくことをお勧めしたい。
『タカちゃんくるまをつくる──先生のかかわり』 4歳児：22分	子どもが自由に遊ぶなかでいろいろな体験をし，学んでいく姿や，教師が一人ひとりの個性に応じながら支え，他の幼児とつなげている指導が見える。 空き箱と小さなゴムタイヤを使って車を作り，積み木の道路を走らせて遊ぶ姿の裏側にある，教師の意図や環境作り，温かいまなざしや毅然とした指導などが見える。 途中で，男児2人のトラブルとそれを受け止める教師の姿，周囲の幼児の様子などを見ることができる。 「きれたよ　あったかいよ」は編集の違いによる。
『ぎゅうにゅう　できたよ──子どもの思い・先生の願い(幼児理解にはじまる保育シリーズ③)』 4歳児：22分	4つのエピソードで構成されている。教師の願いと子どもの思いのずれを考えるのに適していると思われる。新規採用教員だけでなく，経験豊かな保育者にとっても，一人ひとりの子どもの思いを中心に，話し合う材料を提供してくれる。 一斉活動（顔の絵を描く），片付け，自由な遊びの場面などを見ながら，環境について考え合うこともできる。

Ⅱ　子ども理解を深めるためのビデオカンファレンスの実際

　プロが撮影したものは撮影機器もしっかりしたもので，たいていの場合数人の大人がチームを組んで保育の場に入り撮影したものです。映像は鮮明で音声もしっかり集音マイクで拾われているためによく聞こえます。何を撮りたいか目的がはっきりしていて，制作会社によっては台本のようなものを使用する場合もあると聞いています。また，子どもの活動に任せて台本なしで撮ったとしても，編集作業があり，決まった時間のなかに収められています。編集したからこそ見えてくるストーリーがあり，編集者が伝えたいことが明確に伝えられていると思います。また音楽やナレーションが入っているため，どうしてもその影響を受けます。園によっては，ビデオカンファレンスの活性化のために市販ビデオを見ながら「今日は，ビデオの保育について，まず悪いと思う点を挙げてみよう」などという逆説的，刺激的試みをする園もあります。そのような試みは，やはり市販のビデオ利用ならではの方法でしょう。

（2）自分たちの保育を撮影したビデオを利用する
　保育者や保育研究者が家庭用ビデオ機器で撮影したものは，映像の鮮明さや音声の聞き取りにくさはありますが，編集されていないものをそのまま見ることが可能です。また，撮影者もひとりですから例えば外部の人間が保育の場に入るにしても，カメラ・音声・助手・ディレクターなどの大人がチームを組んで保育のなかに入る場合に比べて日頃の保育への影響は皆無とは言えませんが，はるかに少ないと言えるでしょう。
　市販のビデオに比べて映像の鮮明さに関して質が低かったとしてもそれはそれで，見える範囲や聞こえる範囲のなかで話し合うことに意味があると思われます。最近のビデオカメラはデジタル化されてかなり鮮明になってきています。また，音声に関してもかなり機器の性能が高くなってきていますので，再生機器によってかなり聞き取りやすくなっています。再生機器（スピーカー）が不十分でも，ヘッドフォンを使用することによって驚くほど聞き取れるようになります。一度試してみることをお勧めします。まるで保育の場にいるかのように子どもの声があちこちから聞こえてきます。

ビデオカンファレンスをする場に担任や同じ園の保育者が同席して話し合いに加わりやすいという利点があります。担任の同席は，ビデオカンファレンスの目的にもよりますが，映像以外の資料を得ることができるという利点となります。しかし，遠慮が生まれるというマイナスになることもあります。

（3）再生機器の環境に配慮する

どのビデオを使ってビデオカンファレンスをするかは，参加者の目的や人数・時間に合わせて，ビデオを選んだらよいと思います。先にも述べたように最近の家庭用ビデオカメラはデジタル化されて随分性能が良くなってきていますが，やはり大きな会場でスクリーンに拡大して見ると映像が暗くなってしまう場合がありますので，会場のスクリーンの大きさやプロジェクターの出力状況も考慮する必要があります。撮影時にはデジタルビデオカメラで撮影して非常に鮮明な映像が撮れていても，それを接続して再生するプロジェクターがデジタル対応ではない場合はスクリーン上の映像の鮮明度がかなり落ちます。

最近は，プロが撮影したものがDVDとして市販される場合が多くなっています。持ち運びなども簡単で使いやすいものです。しかし，使用するDVD再生機によってはスロー再生や超スロー再生などができない再生機種もあります。自分たちが日頃使用している機器の状態を調べて，使い分けることが必要だと思われます。

4 「ビデオカンファレンス」ではどのように話し合えばよいのか

初めは保育のビデオを見ながら自由に話してみてください。そのなかで，いろいろなことに気づくと思われます。また，自由に話し合いができる雰囲気を作ることが第一の課題になる場合もあります。焦らずに自由に語り合うことが大切でしょう。ただし，研究的な話し合いをすでに経験している保育者たちの場合はより深めた話し合いが求められますし，ただ自由に話せば「ビデオカンファレンス」になる，とは言えないと思います。次のような例もあります。

Ⅱ　子ども理解を深めるためのビデオカンファレンスの実際

　「今まで筆記記録を持ち寄って話し合っていたのですが，ビデオのほうがよくわかる，と考え，今年からビデオカンファレンスをすることにしました。しかし，何をどうしたらよいのか，ただ感想を言って終わりになってしまい，深まっていかないのです」という相談を受けたことがあります。自主的ではないけれど，月に一度2～3時間ほど定期的に行われる研修会のことです。
　話し合いが感想の出し合いで終わってしまい，映像に焦点化しなかったことがうまくいかなかった理由だと思います。つまり，映像が「話のきっかけ」で，参加者それぞれが保育の印象や，日頃の保育に対する自論を述べることで終わってしまっているのです。
　また別の研修会で，「保育者が撮影した20分くらいのビデオ2事例を見て，全員（10～15人）で話し合い，最後に講師から保育内容とビデオカンファレンスのやり方についてコメントをもらう」という計画を立てた研修会の例があります。研修会の正味時間は1時間半とのことでした。この研修会の計画は時間的に無理があったようです。なぜなら，ビデオを一度見ただけでは，よほどわかりやすい場面のビデオでない限り，初めて見た人には「何が起きているのか」わからない，わかりにくいからです。1時間半という時間の制約がある時には，研修会の目的をもっと絞り込むことが必要でしょう。保育の中身について話し合い，気づきを深めるのか，ビデオカンファレンスの方法について気づきを深めるのか，どちらかに絞り，使用するビデオのエピソードも1本にした方がよかったと思われます。
　ビデオカンファレンスはまた，何度も繰り返したり，早送りをしたり再生速度を遅くしたり，止めたり戻したり，などのいろいろな再生をするうちにわかってくることがあるのですが，それには時間が必要なのです。ビデオカンファレンスは案外時間が必要だということを頭のどこかに置いておきましょう。
　もちろん，20～50分の市販ビデオを見て，みんなで感想を言い合う1～2時間のビデオカンファレンスを行うことも可能ですし，それなりの意味もあります。一方で，たった5分～6分のビデオを2時間かけて見たり話し合ったりすることもできます。いろいろな取り組み方はあるでしょう。

Chapter 7

「ビデオカンファレンス」が
充実した話し合いになるために

Chapter 7 「ビデオカンファレンス」が充実した話し合いになるために

　さて，保育のビデオさえ見れば話し合いが深まるわけではないことはもうわかってくださったと思います。せっかく保育を提供（撮影の被写体になり，研修会で多くの人に見られることを承諾）してくださった保育者や子どもたちに対する感謝の気持ちからも，ビデオの特徴を生かした使い方をしながら，子ども理解を深め，自分の保育行為を振り返り，仲間とともに成長し保育の質を高めていくことができるような，充実した話し合いをしたいものです。

　しかし実際は，いざ「ビデオカンファレンス」が始まると「先生方が何も言わなくなってしまって，結局，年長の経験者がまとめて結論を出すんです」などという声も耳にします。ビデオカンファレンスでそれぞれの先生が意見を出し，活発に意見交換をするという姿は，いろいろな要因が複雑に絡み合った結果なので，そう簡単には実現できません。特効薬はないと思います。この章では同じような悩みを感じつつ，ビデオカンファレンスが充実した話し合いになるために，私自身が工夫してきたことを中心に具体的な方法を示したいと思います。

1　様々な視点から見る

　目の前に映し出される保育の映像を見る時に，どのように見たらよいのでしょうか。参加者それぞれの自由です。それぞれの人が多様な視点で見て，その多様な見方を交流させるところに意味があるのですから。

　しかし，どうもいろいろな視点が出てこない，見る視点が多様にならないという悩みをもつ方たちがいることも確かです。普段見ている視点以外に，「何かヒントのようなものがあると，もっと見方の枠が広がり発見が多くなるのだが」という声もあります。

　ビデオを見る視点は，結局は保育を見る視点と同じではないでしょうか。ビデオを見る視点が狭いとか，偏っているというのは，自分たちの保育を見る目，もっというと保育をする視点がマンネリになっているということではないでしょうか。このような場合，思い切って自分たちの保育ビデオをまったく違うグループ（研究会グループや他の園）に見せて武者修行することも刺激となります。

Ⅱ 子ども理解を深めるためのビデオカンファレンスの実際

例えば,研究者が多い研究会で見てもらう,ほかの園で見てもらうなどです。[*1]

保育を見たり保育を行ったりしていく時に,私たちはどのようなことに注意しているのでしょうか。どのような点に価値を置いているのでしょうか。子どもの気持ち,そのように行動した理由,遊び方,遊びと環境の関係,人間関係,それぞれの発達,などなどいろいろです。できごとの連鎖や,発達の流れを大きく捉えて,ひとつの物語あるいは複数の物語として捉える見方もあるでしょう。できれば,評価的な見方よりも賞味的な見方や,生成的・創造的な見方のほうが,ビデオカンファレンスとしては豊かになりますし,子どもや保育者にとっても有意義だと考えます。

日頃のビデオカンファレンスで,どのような視点をもちながら,それぞれの参加者はビデオを見ているのでしょうか。例として3つ示したいと思います。文字記録と異なるビデオならではの視点を意識した視点の例です。

(1) 身体を捉える

保育は身体行為ですから,保育者の身体が子どもに対して「どのようであるのか」を捉えるように心がけてみます。保育者の「言葉かけ」という言葉がよく使われますが,保育者の「身体かけ」という言葉があってもよいのではないでしょうか。子どもの背後から直立して子どもにかける言葉と,子どもの前面からかける言葉は,言葉や音声が同じでも,受け取る子どもに伝わる意味は違うのではないでしょうか。また,保育者の身体が子どもを包み込むように丸みを帯びて対面している時と,きびきびと行動している時では子どもに与えるメッセージはそれぞれ違う意味をもつと思います。「身体かけ」という援助をしていることを保育者はもっと意識するとよいのではないでしょうか。

映像のなかから,保育者や子どもの身体の動きに注目して見ていくのもひとつの見方です。このとき,音を消すという方法も効果的です。

[*1] 日本保育学会第65回大会において「交流型園内研修」について研究発表が行われています。松永静子・汐見稔幸ほか「日本保育学会第65回大会要旨集」日本保育学会第65回大会実行委員会, 2012年, p. 254.

不安な時の子どもの心の動きは体の中心部だけでなく手先，つま先などに表れています。例えば，子どもが他児の作った携帯電話（携帯電話屋さんの品物）が並べられている机（携帯電話店のショーケース）の前をゆっくり行ったり来たりしながら，逡巡し，ついに，机の上からその携帯電話を黙って素早くつかみ取り，急いでその場を走り去る光景に出会ったことがあります。その子どもの身体全体から発する緊張感がその場面を撮影している私にも伝わり，私の胸もドキドキしてしまいました。逡巡している時のすり足，肩をすくめたりくねらせたりする動き，ときどき頭髪をかくようなしぐさ，周囲をチラリと見る瞬間の緊張，その一つひとつの身体の動きにその子の迷いが表れているようでした。はじめは何が起きているか気づかず，その子の緊張と迷いだけが伝わってきて，最後に携帯電話を持ち去った姿を見て，その緊張と迷いの意味がわかったエピソードです。

　保育のなかで，保育者や子どもが発する言葉や表情と同じくらい，身体に注目してもよいのではないでしょうか。

（2）間（ま）を捉える

　文字記録からテンポ，間合い，リズムを捉えることはとても難しいのですが，ビデオでは可能です。子ども同士の会話のリズムや抑揚は文字記録では表しにくいものです。文字ではかなり強い命令に聞こえる会話でも，そのリズムや抑揚を捉えることで異なる意味に聞こえたりします。ビデオでは，それらが一瞬のうちに見ている人々の間で共通把握できます。例えば，子どもが「いいこと，いいこと，かんがえた。こうやればいいんだよ」と言いながら箱積み木の家に階段を作ることを思いついた場面を文字記録にすると，その歌うような調子が伝わりません。同じように遊びに仲間入りする時の「いれて」と言う言葉も，いろいろな調子を帯びていますが，文字で表すと皆同じになってしまいます。また，砂場で2，3人ずつ3か所に分かれて遊んでいた遊びが，砂山のトンネルに流した水が隣接する遊びに流れ込み，そのことがきっかけになって次第に砂場全体を使ったおうちごっこへと発展したエピソードがあります。最後には，

お買い物へ出かける，学校に行く，会社に行くなど園庭全体が遊びの場になっていきました。このようなエピソードを見ていく時，どのような時間の流れでできごとが起きて進んでいったのか，なかなか把握できにくいものです。遊びの様相が変化していくことだけではなく，どのような間やテンポで遊びが広がり変化していったのかを捉えることで，子どもの内面や変化の必然性が見えてくる場合があります。

しかし，注意しておかなければならないのは，実際に保育している保育者の感じている時間やテンポと，ビデオの時間やテンポは異なるという点です。いろいろな思いをもちながら保育の全体に気を配り責任を負っている保育者のなかに流れる時間は，第三者の物理的な時間の流れと異なるはずです。また，ひとりの子やひとつの場面を見続けたり，繰り返しの再生や，時には時間を反対に戻すような操作をしたりする見方のなかで流れる時間は当然異なります。この違いを時々意識しながら見たり考えたりしないと，生きた保育の実感から離れるような解釈になっていくような気がします。

(3) 保育の重層性・複雑性・連関性を捉える

保育のなかのできごとは，思いがけないところで関連し合い影響し合っています。見ている大人にはその関連がわからず「突然起きたこと」に思えても，関係やできごとの流れのなかを生きている子どもにとっては「必然」のことが多くあります。しかし，観察者は一部を切り出し，そこに集中して意味を考えようとするので，子どもそれぞれが自分なりの意味の流れをもちながら動いていることを忘れがちです。

例えばこんなエピソードがあります。

― **Episode 7-1：「さっき，そう言ったでしょ」** ―
遊具を取り合ってケンカしているあきら君とかず君にむかって，"突然"，当事者でもないゆたか君が，「"みんなの物"だって言ったでしょ。さっき，そう言ったでしょ」と激しい口調で詰め寄った。砂場の篩(ふるい)を独り占めしようとするかず君を注意したのだ。

「なぜこんなに激しく，突然に怒鳴ったのだろう。正義感が強いのだろうか？　先生の教えに忠実なのだろうか？」「自分が篩を取られたわけでもないのに」と，保育後のビデオカンファレンスで話題となりました。

ビデオを巻き戻してじっくり朝からの活動を見てみると，そのずっと前に，ゆたか君自身が遊んでいたハシゴを「みんなの物だから，ずっとひとりで使っちゃいけないんだ」とかず君に言われ，ゆたか君は仕方なくあきらめて譲り，自分のやりたいように使えなかったことがわかりました。「子どもは今あったことでもすぐに忘れる。いつまでもこだわらない」と思いがちですが，案外心に残っていることがあります。

次のEpisode 7-2も同じように，時間をさかのぼって見直して初めて理由がわかったエピソードです。

Episode 7-2：突然のケンカにも理由があった

「バカって言ったら君がバカなんだ」「バカ，バカ，バカ」とお互いに譲らない激しい口げんかが始まった。あつし君が突然やってきて，やすお君が積み木で作っている車の前部を「ダメだ」と言いながら足で崩したことから始まった。お互いに一歩も譲らず，口げんかはテラスから園庭へと場所を変えながら続く。やがて，あつし君が不満そうな顔で諦め何か捨てゼリフを残して立ち去りその場は静かになった。やすお君は先ほどの積み木の車の所に戻り，不可解そうな表情で観察している私の方を見る。そして，壊れた積み木をもう一度積み直した。

あつし君はなぜ"突然"やすお君の積み木のところにやってきて，あんなことをするのだろう。見ている者には腑に落ちない言動でした。しかし，かなり時間をさかのぼってビデオを巻き戻して見てみるといろいろなことがわかってきました。以下に整理してみます。（　　）はビデオを見直しながら先生方と発見したり，推理したりしたことなどです。

①あつし君は園庭で遊んだ後，保育室に入ってきた（今日はやすし君とは別の遊びをしたのね）。

②ほぼ同時に，あきよし君も園庭から保育室に入ってきた（もしかしたら，あつし君とあきよし君は同じ遊びをしていたのかもしれない）。

Ⅱ 子ども理解を深めるためのビデオカンファレンスの実際

③あきよし君が、保育室にあった積み木の上に乗り、そこから飛び降りた。
④それを後ろから見ていたあつし君も真似をした（日頃からあまり運動が得意ではないあつし君にしては珍しい動きでした。やっぱり2人は園庭で一緒に遊んでいたのだろうか。だから、日頃にない動きをしたのだろうか）。
⑤今度はあきよし君が、積み木をもうひとつ高く積んでそこから飛び降りようとする（ちょっと、危ないなあ。でもあつし君なら飛び降りられるでしょう）。
⑥あきよし君が積み木の上に立ち、積み木を後ろに蹴りださないようにして垂直に飛び上がり上手に飛び降りた（やっぱり、さすがにあきよし君。飛び方が安全を考えている。でも経験の少ないあつし君は、無理じゃないかしら）。
⑦あつし君が同じように積み木に乗ろうとするが、不安定で危なっかしい（あっ、無理よ。止めた方がいい。危ないなあ）。
⑧観察者（私）は「危ないよ」と声を掛けるが、ほぼ同時にあつし君は飛び降りる。乗っていた積み木は崩れ、あつし君はバランスを崩して前に倒れ額を打つ。カメラはここであわてて様子を見に行くために画面が揺れる（やっぱり。でも大きな怪我にならずによかった。あつし君にはいい経験だったかもしれない）。

　ここまでビデオを見直すと、その日職員室であつし君を受け止め、額を冷たいタオルで冷やした教員が、職員室でしばらくおしゃべりしながら時間を過ごしていたあつし君の様子を説明し始めました。それを聞いた私たちは、なぜあつし君が"突然"現れたのか、"強引"にやすお君の積み木を「ダメだ」と言いながら壊したのかがわかってきました。あつし君は保育室にいなかったのですから、突然現れるように思えたのは当然です。さらにビデオを再生し見直すと、「ダメだ」としか聞こえなかったあつし君の言葉や行動が、「ダメだ。危ないだろ。ほら」と言いながら、積み木が壊れやすいことを足で崩して（こんなに壊れやすいのだからもっとしっかり積まなければダメだよ、と）示そうとしている言葉や行動に見えてきました。なるほど、よく見れば、あつし君が足で崩した積み木は、車の最前部で、下の積み木から半分近く突き出ているやや不安定に見える積み木です。自分が積み木から飛び降りた時に転び額を痛くしたこと

から，日頃から仲良しのやすお君を心配して起きたことだったと解釈できました。つまりあつし君にとっては当然の言動だとわかりました。その場で観察していた私や，後でビデオを見た者たちは「バカ，バカ」と言う派手な口げんかに注意が向いてしまい細かく見ることを忘れてしまっていたことに気づかされました。また，できごとがそのずっと前のできごとと関連していることがわかりました。ビデオで巻き戻し，見直すからこそわかったことです。見直すことがなければ，もしかしたらあつし君は「幼い，衝動的な子」と解釈されたかもしれません。実際に，あつし君は園内でそのような子として理解され語られることが多くあったのです。

次のEpisode 7-3は，3年保育4歳児10月頃のエピソードです。ひとりの男の子が巧技台で始めた「アスレチックごっこ」が，仲間の参加とともに変容し，最終的には「魚釣りごっこ」へと変わっていったエピソードです。参加する子どもによって遊びの内容や楽しんでいる内容が異なったり変容したりしながら結局2時間近く遊びが続いたエピソードです。遊びが変化したきっかけは，新たな参加者による場合もあれば，保育室の前を通りがかった保育者が捨てに行こうと手にしていた空箱製作物だった，ことも意外なことでした。

Episode 7-3：アスレチックごっこから魚釣りごっこへ

まこと君がさとし君と保育室に巧技台や積み木を使ってアスレチックのコースを作った。スタートとゴールが決まっていて，背の高さくらいのビームの上を渡ったり台の上からマットに飛び降りたりするコースになっている。まこと君は軽やかな身のこなしで，何回も楽しんでいる。後から「入れて」と参加した子には「ここがスタートでしょ，こうやって……」と遊び方（コース）を説明している。

そこにようへい君やひでお君たちが入り，橋（ビーム）の下にはワニがいて橋から落ちたネコを食べてしまうという設定の遊びが始まる。ワニ役は橋の下でワニが泳ぐ真似をしたり，アスレチックコースを渡るネコを脅かしたりするようなしぐさをする。ネコになって橋を渡ったようへい君は，すぐに「僕，橋の下に住んでいるネコね」と言ってネコでありながら，高い場所には行かないようにしている。

その後，活発なまさる君たちが入ってくると，同じネコでも「ネコロボット」になることを宣言し，「ギャー」と叫び声を上げたり，戦いのポーズをとったりする。

Ⅱ 子ども理解を深めるためのビデオカンファレンスの実際

> さらに遊びが続く。橋（ビーム）の下に住むネコには兄弟ができ，お菓子の空き箱をたくさん持ち込んで食べ物に見立てたり，買い物に出かけたりする。ワニは行方不明になったり，戦闘ネコロボットは武器を作って振り回し，見えない敵にむかって戦いを挑んだり，高い所に上って雄叫びを上げたりしている。遊び全体が秩序を失って，中心に流れていたイメージも消え，荒れた状態になっていく。
> 　その時，誰かが近くに置いてあった青いフリルがたくさんついているフープをいくつか持ってきて橋の下に置き，「海」のイメージが宣言される。そこにちょうど通り掛かった保育者が処分しようとして持っていた空き箱を目ざとく見つけ，走って行って「それ，ちょうだい」ともらい，「海」の中に投げ入れ，「おさかなね」と言い，魚釣りごっこが始まる。
> 　そこから，バラバラになっていた数人が魚釣りを始める。魚釣りのための釣竿作りを製作コーナーに行って始める子や，すでにストックされていた釣竿を持ってきて釣りを始める子がいる。ビームの上は釣り場に変わった。自分で釣る魚も自分で調達しなければならない。やはり製作コーナーで子どもたちが保育者の援助を受けながらビニール袋を使って立体的な魚つくりをしている。あるいは，壁面に飾られていたイカを大急ぎで取りはずし，自分用の獲物にした子もいる。

　ある子たちにとっては，ゲームのような体を動かして楽しむアスレチック場。別の子にとっては，一本橋の下に住む猫の家がある場（高い場所が苦手なようへい君にとっては，自分の弱点をさらけ出さなくても一緒の仲間としていられる場でもある），また別のある子たちにとっては，戦闘ロボット（自分たち）が大暴れをする場なのです。このように同じ場をまったく異なる意味付けをしながらも，この4歳児（10月頃）たちは最後まで緩やかなつながりのなかで楽しむことができていました。このような楽しみ方は，ともすると保育者にとって整理したくなるもののようですが，ここに価値を見出すことができました。
　また，Episode 7-3 がちょうど運動会の直後であったことが大きく影響していると考えられます。例えば，「海」のイメージですが，この園のその年の運動会の共通テーマが「海」でした。青いフリルがたくさん付いているフープは，親子競技で使った物です。壁面の「海」のイメージも子どもたちのなかに残っていたと思われます。このような園生活全体，家庭や地域での生活全体との関連で遊びを捉えることも必要だと気づかされました。つまり，ビデオに映って

いる子どもの言動やできごとをつぶさに見ていくだけではなく、時間や空間の広がりのなかで、ほかのできごととどのようにつながっているのか、を見ていくことも大切なのです。また、関連を見る時に、子どもがどのような情報を受け取り、どのように理解し、発信しているのかを注意して見るのもおもしろいと思います。情報の伝播性を捉えてみることです。その場合、対象となる子どもやグループ"以外"の子どもが近づいて来たり何か反応したりする場面をていねいに撮る（＝見る）ことが重要です。

2 再生方法を工夫する

　ビデオの再生方法の工夫に関してはChapter 2でも具体的なエピソードとともに述べていますが、ここではビデオカンファレンスで活発な話し合いができるためのひとつの工夫として、こんな使い方ができる、という例を述べたいと思います。私たちは保育を見る時に、視覚的・聴覚的な制約のなかで見ています。ナレーションやBGMの影響を受けるのもその一例です。それらを意図的、機械的にはずしたり緩めたりして、気づきにくいことを気づくようにすることもできます。

　このような機械的な操作は、再生機器の性能に依存しますので、できることとできないことがあります。それぞれのみなさんがお使いの機器の性能を確かめて、いろいろな再生方法を工夫してみてください。

　例えば次のようなビデオの使い方があります。ただし、使い方によっては、誤解を生む危険性もありますので、それらに留意することが大切です。
①繰り返し見る
　繰り返し見ることによって、気づかなかったことに気づいたり、疑問に思わなかったことを疑問に感じたりすることがあります。逆に、繰り返し見ているために、理解が固定化してしまう場合もあります。
②見る視点を変える
　注目点や注目人物など、見る時の視点を変えながら見ることで、気づきが豊

かになることが期待されます。ビデオカンファレンスで，参加者からいろいろな注目点が出てこない時には，誰かがいろいろな視点を意図的に例示したりすることも必要になります。

　特に，身体の動き，目線，表情の変化，リズムなど，日常の保育の流れのなかではなかなかじっくりと見ることができない点に注目して見るとよいでしょう。

③音を消して見る

　私たちは保育を見る時に，音情報に神経を奪われていることに気づかされます。音を消すことによって，子どもの微細な動きや表情の変化，身体のちょっとした変化などに気づかされることが驚くほど多くあります。

④スロー，超スロー再生で見る（微視的に見る）

　スロー再生は過剰解釈に陥りやすいので，必ず普通のスピードで再生して見直し，解釈が妥当かどうか確認することが必要です。

⑤高速再生（早送り）で見る

　時間の長さを短縮して，ことの起こりから終結までを概観的に理解することができます。

3　資料準備など，話し合いの工夫をする

　話し合いがうまくいかない，という悩みはよく聞かれます。特に園内で行う研究・研修会で，①意見が出ない，②逆に馴れすぎて話が尽きないため時間がかかる，③話し合いの焦点が拡散してしまい深まらない，などの悩みが多いようです。

　なかなか参加者の意見が出ないというのは，いろいろな原因があるようです。自分の保育についてみんなの前で言われることに慣れていない（すぐ泣くなど感情的に受け止めてしまう），若い保育者たちが多くて先輩に遠慮がある，年長者や経験の長い保育者との力関係がある，保育を見る側と見られる側に力関係が生まれてしまう，日頃から本音が出せない，など簡単には解決しないような

Chapter 7 「ビデオカンファレンス」が充実した話し合いになるために

問題も含まれています。そのうえ，日々の保育やその準備に時間がとられ，ビデオカンファレンスに充分な時間をかけられないという問題もあるでしょう。雰囲気作りや進め方で工夫しながら辛抱強く園内の話し合いを積み重ねて，園内の「話し合い文化」を育てていくことが必要でしょう。

そこで，工夫のひとつとして資料を準備することが挙げられます。適切な資料の準備は，話し合いの焦点が絞りやすくなるなど，時間の不足を補うことにもなります。

いくらビデオカンファレンスが時間のかかるものであり，時間をかけてていねいに見ていくとおもしろい発見があることはわかっていても，毎日の保育をしている保育者にはそんなに時間がありません。

それならば，時間がない時ほど，事前の資料を用意してみましょう。例えば，どのような場面が撮影されていて，主な登場人物への簡単な説明（体格や，衣服の特徴，目立った言動，ビデオ全体のできごとの大まかな流れなど）をわかりやすく記したものを配り，共有すると時間の節約になると思います。ただし，説明し過ぎにならないように注意しなければなりません。ビデオの映像のなかで起きていることをより詳しく見ていくための資料であることをくれぐれも忘れないようにしなければ，ビデオカンファレンスの良さが生きてきません。

(1) あらおこしメモ

具体的な資料の工夫の説明の前に，まず私が園内研修としてビデオカンファレンスにうかがう時の1日の時間の流れを例として示します（図7-1，表7-1）。

この1日の流れのなかで一番大切にしていることは，観察をした後に行う「整理」です。保育後の研修会が始まる前に，簡単な整理を行い，可能な時にはメモのコピーを参加者に配ることもあります。その日の話し合いに使える時間を考えながら，その園やその担任の課題やテーマに沿うような場面があればマークしておき，話し合いで取り上げるようにします。

あらおこしメモ（と私は呼んでいます）は，撮影者（観察者）自身が「今日は

Ⅱ 子ども理解を深めるためのビデオカンファレンスの実際

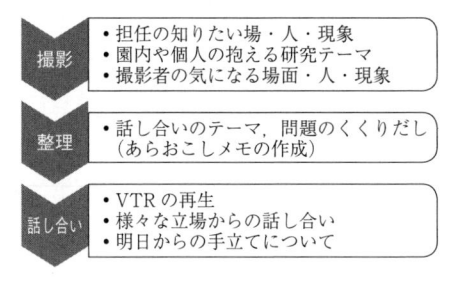

撮影
- 担任の知りたい場・人・現象
- 園内や個人の抱える研究テーマ
- 撮影者の気になる場面・人・現象

整理
- 話し合いのテーマ,問題のくくりだし(あらおこしメモの作成)

話し合い
- VTRの再生
- 様々な立場からの話し合い
- 明日からの手立てについて

図7-1 幼稚園園内研修での流れ(例)

表7-1 保育園園内研修での流れ(例)

9:00 保育観察・撮影(私は朝から観察するが,その他の先生方は一部の時間,保育を交代しながら観察)
11:30 昼食・休憩・記録の整理(観察した保育者たちも,それぞれ保育者の援助・環境・友達関係・観察対象児などに焦点化した記録の整理を行う)
13:00~15:30 子どもの昼寝中に研修会 ※研修会では,まず担任から一日の観察者の文字記録に基づいた子ども・保育者等の状況説明,感想,その後,ビデオ視聴しながら意見を交換し合う。

どのような場面を見ましたよ,このような場面に興味をもちましたよ」という視点を明らかにするという意味があります。保育を見られる側にとって,何を見られて,何がビデオに記録されているのかよくわからない状態でビデオカンファレンスに臨むよりはよいのではないかと思います。

あらおこしメモには,主にできごとと時間の流れを落とさずメモします。後で見直す時に話し合いの材料にしたいことは,図7-2にあるように,★印を付け,あとで見返しやすいように整理しておきます。また観察(撮影)している最中に感じたこと,疑問なども印を変えてわかるようにしています。

このようなあらおこしメモがあるだけでも,時間の短縮になるだけでなく,参加者と問題を共有したうえでのカンファレンスにできると思います。

（2）一言メモ

　また，「一言メモ」を回しながら，そこから話し合いのきっかけをつかむ方法もあります。いきなり保育のビデオを見て話し合うのではなく，保育のなかの「ひとコマ写真（撮影者のコメントつき）」にそれを見た人たちが感想を次々回覧しながら書き込み，保育について，子どもについて話し合うようにしていく方法もあります。図7-3は，ビデオカンファレンスをする際に前回から今回までの経過のなかで，一番印象的だった場面や考え合いたかった場面などを保育者各自が1枚撮り，みんなで回しながら読み合った（書き合った）ものです。時間が短くてもいろいろな事例について意見交換をすることができます。研究発表までの期間が短く園内研究のための時間や日数も十分に確保できない状況のなかで，せっかくエピソードを用意し自分なりの考察を伝えようとしても時間が足りずに積み残しになってしまうことも多々あります。そのような時にこの「一言メモ」だけでも読み合い（書き合い）しておくと積み重なっていくのでよいのではないでしょうか。

　時間短縮のためと，話し合いが活発に行われるために動画ではなく写真を基に話し合う方法をとることがあります。私も，最近になっていくつかの園内研修で数枚の写真にコメントを付けた事例を基に話し合うという研修会に参加しています。確かに参加した保育者からの発言が活発になるように感じました。しかし，後で振り返って見ますと，その発言の多くが「状況説明」なのです。写真ではわからないその前後の動きや，周囲の様子などへの質問やそれに対する説明が多いのです。確かに，参加者が質問やその答えという形で発言しその研修会への参加意識を高める点においては，大変有効な方法だと考えます。一見すると活発なようですが，一人ひとりの参加者が，自分の保育への見かたの枠組みを広げるなどにおいて，本当に有効な方法なのかもう少し検討する必要があるように思っています。もちろん，時間の短縮だけでなく，静止している1枚の写真をじっくり見ることで，参加者が細かい点をよく見て考察できるという利点があります。

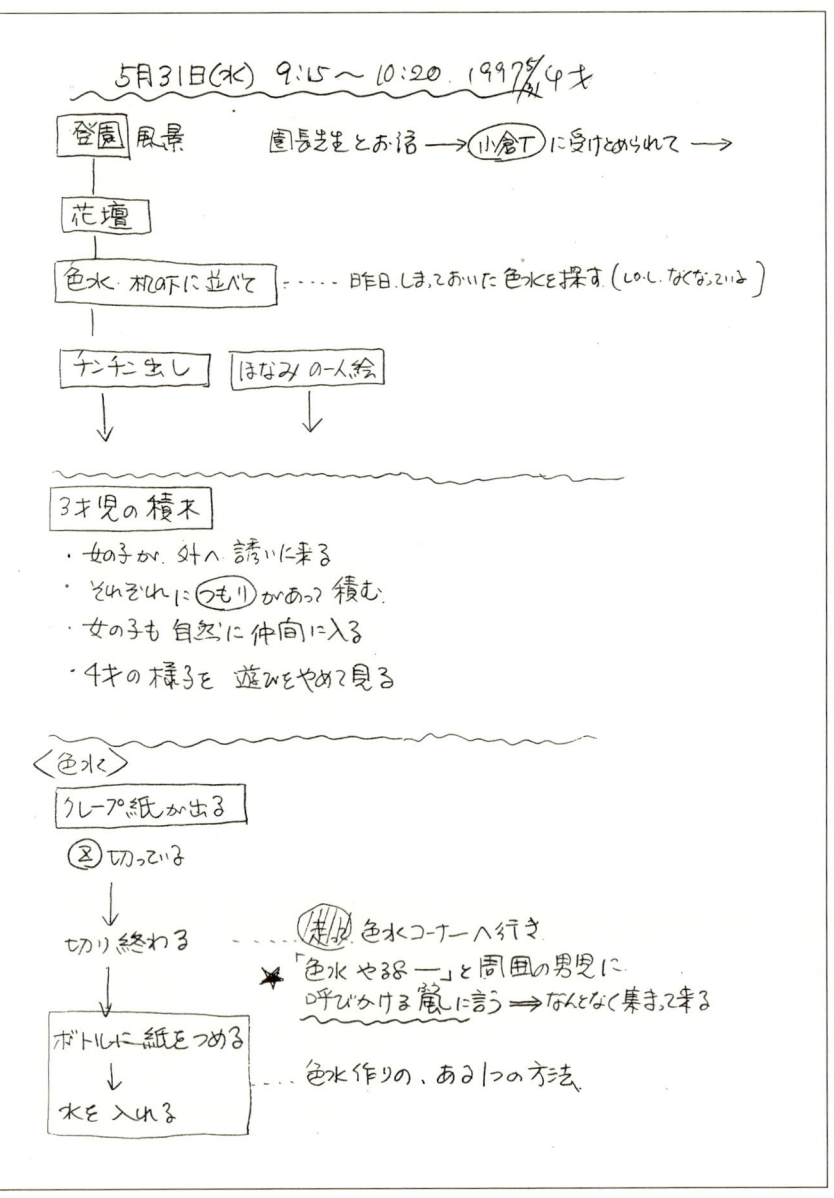

Ⅱ 子ども理解を深めるためのビデオカンファレンスの実際

```
        5月31日(水) 9:15～10:20  1997 5/31 4才
 [登園]風景     園長先生とお話 → 小倉Tに受けとめられて →
 [花壇]
 [色水・机の下に並べて] ---- 昨日しまっておいた色水を探す (しかし,なくなっている)
   ↓
 [チンチン出し] [はなみの一人絵]
   ↓           ↓
 ～～～～～～～～～～～～～～～～～～～～～～～
 [3才児の積木]
  ・女の子が、外へ誘いに来る
  ・それぞれに つもり があって 積む
  ・女の子も 自然に 仲間に入る
  ・4才の様子を 遊びをやめて見る

 ～～～～～～～～～～～～～～～～～～～～～～～
 <色水>
 [クレープ紙が出る]
   ↓
  ② 切っている
   ↓
  切り終わる ---- 走る 色水コーナーへ行き
   ↓            ★「色水やさん―」と周囲の男児に
                   呼びかける竜に言う ⇒ なんとなく集まって来る
 [ボトルに紙をつめる]
   ↓            色水作りの、あと1つの方法
  水を入れる
```

図7-2 あらおこしメモ（整理ノート）の例（その日の昼休みに，午後からの話し合いに備えて作っておくメモの例）

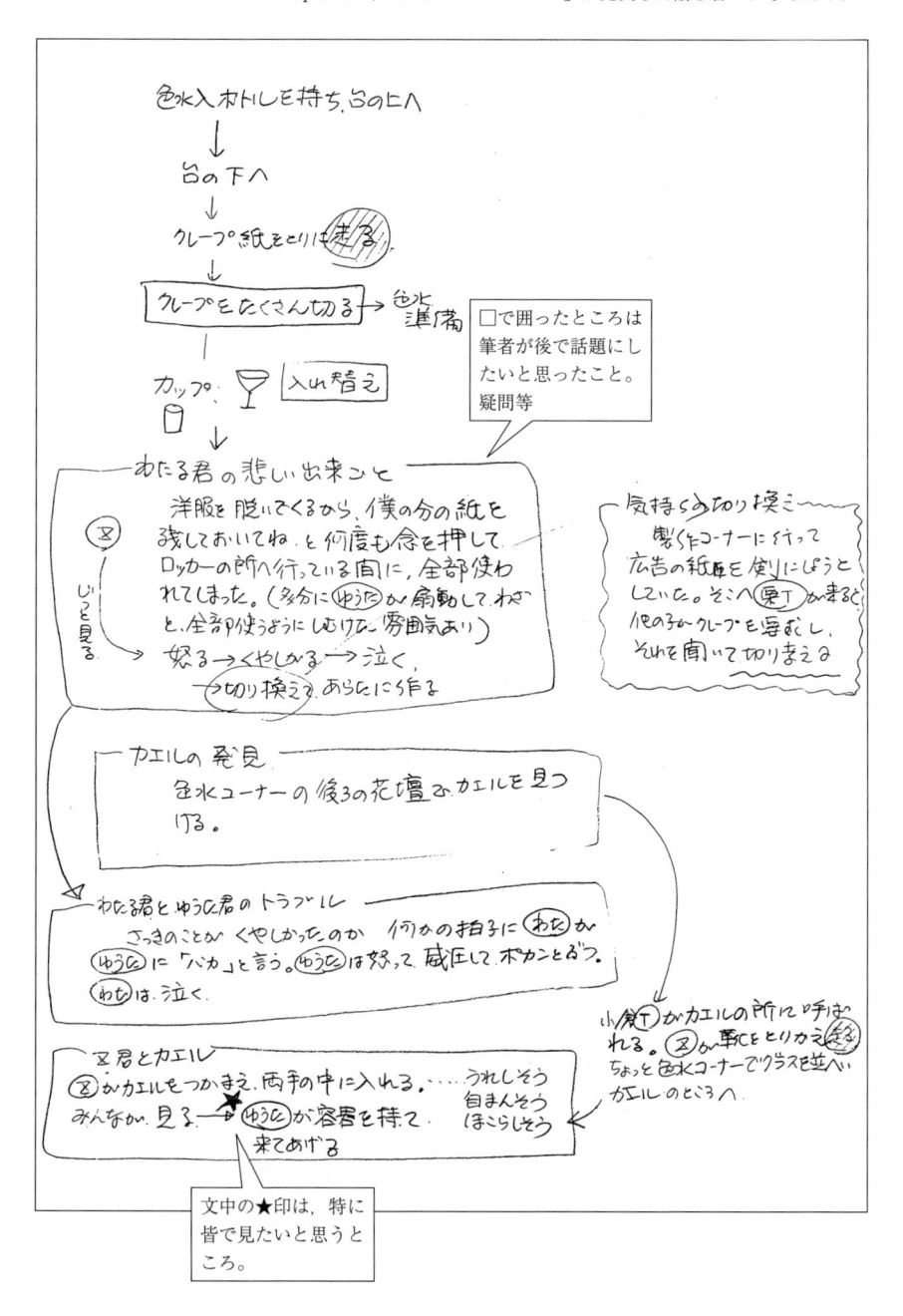

Chapter 7 「ビデオカンファレンス」が充実した話し合いになるために

色水入れトトルを持ち、台の上へ
↓
台の下へ
↓
クレープ紙をとりに走る
↓
クレープをたくさん切る → 色水準備

カップ 🍸 入れ替え
↓

―わたる君の悲しい出来こと―
洋服を脱いでくるから、僕の分の紙を残しておいてね、と何度も念を押してロッカーの所へ行っている間に、全部使われてしまった。(多分にゆうにが扇動して、わざと、全部使うようにしむけた雰囲気あり)
(え) じっと見る
怒る → くやしがる → 泣く
→切り換え、あらたに作る

□で囲ったところは筆者が後で話題にしたいと思ったこと。疑問等

―気持ちの切り換え―
製作コーナーに行って広告の紙皿を使いに行こうとしていた。そこへ更Tがきまる他の子のグループを写むし、それを見いて切りかえる

―カエルの発見―
色水コーナーの後ろの花壇でカエルを見つける。

▽―わた君とゆうに君のトラブル―
さっきのことがくやしかったのか 何かの拍子に(わに)が(ゆうに)に「バカ」と言う。(ゆうに)は怒って、威圧して、ポカンとつ。(わに)は、泣く。

―え君とカエル―
(え)がカエルをつかまえ、両手の中に入れる。……
みんなが、見る→(ゆうに)が容器を持って来てあげる
うれしそう
自まんそう
ほこらしそう

小/食Tがカエルの所に呼ばれる。(え)が革Cとりかえ走るちょっと色水コーナーでクラスと並べいカエルのところへ

文中の★印は、特に皆で見たいと思うところ。

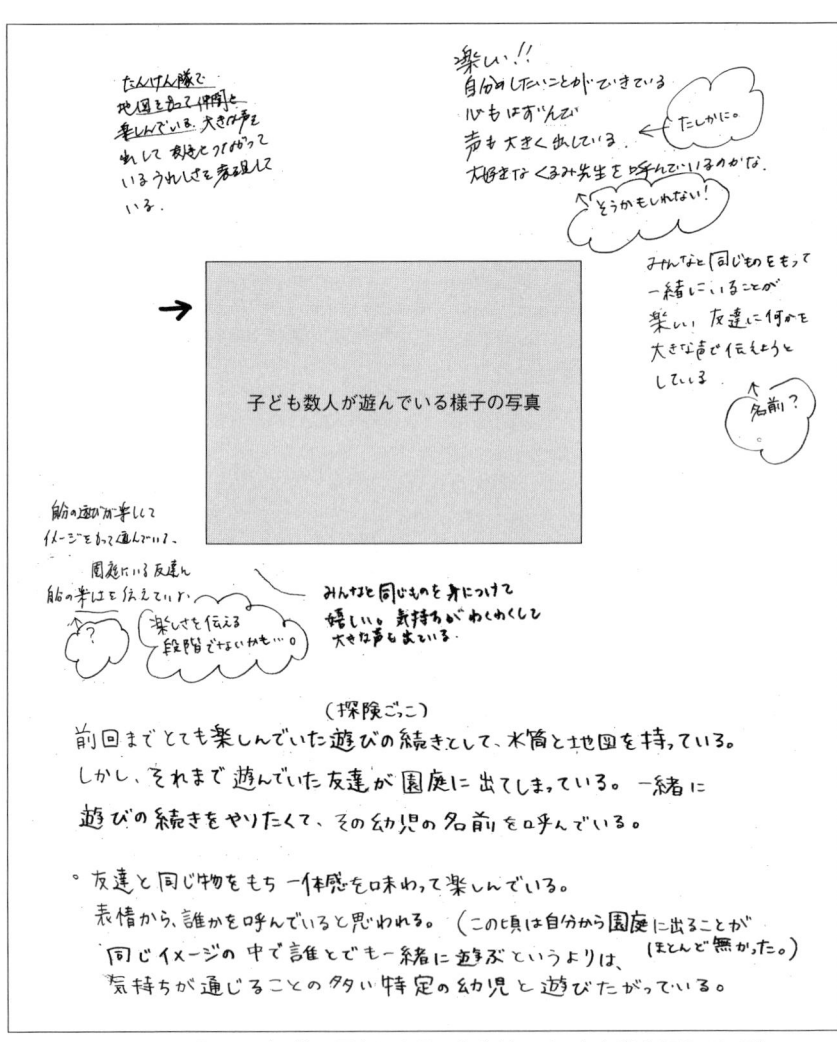

Ⅱ　子ども理解を深めるためのビデオカンファレンスの実際

図7-3　一言メモ（1枚の写真に全員の先生がコメントを書き加えている）

（3）研修会での資料例

　次に，具体的な資料例として，これまで私が研修会で準備してきた資料をいくつか紹介したいと思います。園内で行うビデオカンファレンスとは違い，研修会では初めてビデオを見る人がほとんどなので，わかりやすくすることを心がけます。例えば，年齢などの基本情報。できごとの流れ（概略）や聞き取りにくい会話，登場人物（服装や体格など，特徴的なことを示しておくと，混乱が避けられます）などを示すようにしています。ただし，読み取る内容を記述したり価値付けたりすることは避け，ビデオのなかのできごとを理解することに役立つ資料作りが大切だと考えます。あるいは，私がこのビデオで訴えたいこと，参加者と共に考えたいこと，問題意識などは示すことがあります。これも，研修会の時間の長さ，参加者の人数，目的などによって多少違ってくることは当然だと思います。

〈研修会での資料例1：魚釣りごっこのビデオ〉

　運動会の後で，運動会に使用した物（海のなかを想像させる物）が，その場の遊びに影響を与えたビデオの資料です。

　この資料例は，比較的人数の多い園外で行われた研修会の時の資料です。園内と異なり登場人物がなかなか把握しにくいので，主な登場人物や環境図を示しています。登場人物は特徴的な姿や服装などを示して把握しやすいようにしてあります。

Ⅱ 子ども理解を深めるためのビデオカンファレンスの実際

資料例1

ビデオフォーラム資料　　　　　　　　　　1996.1.14.(日)
　　　　　　　　　　　　　　　　　　　子どもと保育冬期セミナー

W男…2.2生

1. 主な登場人物

- ①S吾‥一人で巧技台を組み始める。白の半袖。(H2.10.10生)
- ②Z男‥一緒に組み立てる。小柄。黒の半袖。(H3.3.19生)
- ③U太‥黒い服で大きい身体。(H3.2.7生)
- ④S平‥U太と一緒に参加したが、。すぐに抜けた。黄色の服(H3.1.9生)
- ⑤S太‥黒い服で小柄。(H3.3.25生)
- ⑥M樹‥青い服で大柄。(H2.11.4生) 戦いのイメージをもつ。
- ⑦S介‥グレーの半袖　M樹と参加　二年保育児(H3.1.11生)
- ⑧Mのり‥時々登場(H2.4.6生)

○学級
・4歳児学級(2・3年保育混合)
・男児12名、女児12名

2. おおまかな環境

```
          花　壇　　　樹　木
      ┌──────────────────
      │トラン        テラス
      │ポリン
   窓──┤     ●  ┌窓
   用具※④  │海  │
年長組       │の  │ 保育室       保育室
保育室       │壁  │(Z男達の学級) (3才児)
      │巧技台│面  │
      │積木※②※│
      │     ※③│
      │(保育室)※①
      ●     │製作コーナー   オープンスペース
            ※⑤
```

- ※①保育室‥‥‥空室を利用した比較的広く遊べる保育室。
- ※②巧技台・積木‥保育室①の壁面の前に片付けてある。そこから、自由に引き出して遊んでいる。
- ※③海の壁面‥‥二学期になって、子どもたちと一緒に、海の中の生き物などを作って海のイメージを表現した。現在はイカ一匹残っている。
- ※④用具‥‥‥8日前に行った運動会で使った物が集められて置いてある。サンゴの樹、小さな魚2匹(3歳児が競技に使った)など。ビデオで海に見立てた、フープにテープがたくさんついた物は、親子競技に使った腰みの。

- ※運動会‥‥10月8日
　全体が海をテーマとしてまとめられ、子どもたちの中に海のイメージがたくさん溜め込まれていた可能性が大。

テープ付フープ　　サンゴと魚

- ※⑤製作コーナー‥‥机2台と製作材料が準備してある。糸、紙、紙棒、その他。

Chapter 7 「ビデオカンファレンス」が充実した話し合いになるために

3．おおまかな活動（ビデオ）の流れ

材料	活動の流れ	内容
巧技台 マット 積木 カラーボックス	S吾が一人で巧技台を組み始める Z男が参加 （スタートとゴールを通り抜けるイメージ） U太・S平が参加 S平抜ける （ジャングルにワニがいる ワニ、ジャングル ワニの家作り） S太登場 参加 （ネコの家 ネコとワニの関係 ワニに食べられる） M樹・S介が参加 ネコの兄弟 戦闘機、戦い、強い ネコロボット	・並べる、組み立てる ・通る順番を決める ・通れるように作る ・遊び方の説明 ・ワニのまね、家作り ・役を決める ・ネコの家とワニのいる所を決める ・戦うポーズ ・大きな声
牛乳キャップ 空き箱等	→ お金 → 買い物 → ネコの餌 ・Mのり登場 （ワニが行方不明）	
手裏剣	Mのり登場	
フープ 冷蔵庫 空き箱 箱と棒 紙棒（武器）	湖 ごはんをたべる 海 戦い―武器	・フープを湖に見立てて命名 ・餌になる物を持って来る ・武器を持つ
棒・糸・箱 魚二匹 釣り竿	--→ 魚が釣れた―魚釣り	・魚を釣る ・釣り竿を作る

4．幾つかのエピソード

《仲間入りの仕方いろいろ》
①Z男がS吾の仲間に入る
　遊び始め。S吾が巧技台の箱にビームを片方引っ掛け橋を作る。それを見つけたZ男は早足で近づき、「こうじゃないだろう。そうしたら、よけい、遊べないだろう」と言いながら、ビームを裏返す。
　　　　（丸い面を上にせず、平らな面を上にした。）
　S吾はそれを見ている。Z男の仲間入りは終わった。
②U太とS平は一緒に来たが、一緒ではない。
　S吾・Z男が遊んでいる時、U太とS平がそばを走り抜ける。（その時、U太は巧技

Ⅱ　子ども理解を深めるためのビデオカンファレンスの実際

〈研修会での資料例2：「綱わたり」の資料〉

　次の資料は，私が撮影した4歳児1月のエピソードを基に，ビデオカンファレンスをした時の資料です（Chapter 2 Episode 2-1：p. 37～参照）。およそ9分に切り取ったビデオをさらに前半後半の2部に分けてそれぞれ3～4回繰り返し見ながら約90分間意見交換し，見方や考え方を深めていった時の資料です。

○全体概要
　園庭の固定遊具の間（滑り台―ジャングルジム）を数本のロープで結んだ。
　子どもたちは喜んで上部のロープにつかまり，下部のロープ上を綱渡りのように渡る。
　撮影日は，その2日目で，はじめはかなりの人数の幼児たちがつかまっていた。
場面1
　①ロープの上に多くの幼児が群がる（揺れが激しいと，つかまっているだけで精一杯）。
　　「揺らさないで」「落ちたら……」などの声が活発に聞かれる。
　②そのなかのA男（小柄，グレーっぽいセーター，両腕部分は紺色）が「落ちちゃった」と言って，スタート地点の滑り台に上る。
　③滑り台の上で，足をぶらぶらさせる（練習？）。
場面2
　○B男：ロープ下のタイヤを動かし，砂場から箱を持ってくる。
場面3　（たったひとりでロープを渡り始める）
　（途中，A男は砂場で遊び）
　混み合わなくなった頃，A男が再び挑戦し始めた。
　①A男黙って綱を渡り始める。
　②途中の休憩所になる台を，女児が，ブランコ（画面奥）に持って行く。
　③半分まで来た時，ひとりの女の子が近寄り，A男を見る。
　　するとA男は「揺れてもがんばるぞ。揺れても最後までがんばるぞ」などと大きな声で言い始める。
　④B男がロープを揺らす。A男必死に「揺らさないで」と叫ぶ。
　⑤成功する。「やったー！」
場面4
　片付けの時間になる。
　①ひとりの男児が砂場周辺から抜け出し，ロープのブランコへ（揺する，ねじる）。
　②また違う幼児たちが，ロープをつかんだり，揺らしたり，飛び越えたりする。

Chapter 7 「ビデオカンファレンス」が充実した話し合いになるために

〈研修会での資料例3：楽器遊びの資料〉

　下記の資料は，保育者仲間で行ったビデオカンファレンスの資料です（Chapter 2 Episode 2-3：p. 45～参照）。活動の流れに沿って，子どもの動きが整理されています。また，撮影者の意図も示されています。

〈事例：楽器あそび〉
　3年保育，5歳児，女児2グループを中心に
　06/7/5（昼食後から降園前の自由ななかで），雨天
　午前中は七夕飾りを作ったり，全員できらきら星の合奏（ハンドベル）をしたりした。
なぜ，記録をとったか
- 同じ部屋のなかで，A/B 2つのグループが違う曲を楽しんでいる。（？？？？と思い注目し撮影）
- S男の遊び（合奏）への入り方，その他の男児の入り方が面白いと思った。
- T子がなかなかハンドベルを持って演奏できない。あきらめずに手に入れようとするその努力がすごいと思った。

保育室
[図：ピアノ，U子・K子，M子・T子ら，Aグループ，Bグループ，S男 剣作り，廊下 出口，出口]

=13：35=
①Aグループ　二人ですごく楽しそう。ベルを持つのは U子。2本のハンドベルをうまく使って，きらきら星を演奏？しようとしている。K子 は鈴やタンバリンで，U子 がハンドベルの出すソとラの音以外を鳴らす。
②Bグループ　4人の女児がカセットデッキで音楽をかけながら，歌ったり楽器（タンバリン，鈴，ハンドベル）を鳴らしたりして楽しんでいる。
③Bグループ　4人のうち2人が保育室の外に出て，2人（M子, T子）が残る。M子 はハンドベル4本を自分の前の机に並べ，ひとりで押し鳴らしている。ドレミの歌のメロディーを鳴らす。
④一方，その様子を紙剣を作りながらよく見ている S君。
⑤Aグループが，もっとハンドベルを貸してほしいと抗議。しかし M子 は貸さない。……先生も相談に乗りながらうまく解決。再びそれぞれの場所に分かれて楽器遊びをする。
⑥M子 が「音が混ざっちゃうから静かにやって」とAグループの所へ言いにいく。
⑦T子，Mちゃんがあっちへ行っている間に，私もベルに触ろう……と，急いで M子 の使っていたハンドベルを取ろうとする。しかし，すぐに M子 が戻り，取り返される。T子 素直に返す。
⑧Aグループが大きな声で歌いながら楽しそうに楽器を鳴らす。するとドレミの歌を練習中の M子 はその音が耳にうるさく感じ，Aグループを振り返って「もおっ！」と怒るように言う。
⑨再びAグループのきらきら星の合奏が始まる。
　ふと，U子（Aグループ）が演奏をやめ，M子（Bグループ）のところまで行き，「ねえ，ねえ。小さい声で歌うからいい？」とわざわざ聞く。

Ⅱ 子ども理解を深めるためのビデオカンファレンスの実際

⑩ M子 「そうね，心のなかで歌ってよ」と胸を押さえながら言う。
⑪ U子 「わかった」とさっきの場所に戻る。
⑫ それを聞いていた S君 ，紙剣作りを止め「そんなの無理でしょう。できないかもしれないよ」と M子 や U子 のそばまで来て，大きな声ではっきり言う。しかし， M子 らは反応しない。

=その後=13：46
⑬ M子は夢中になってベルを鳴らしている。ベルの持ち方を変えたり，音を聞き取ったり。
⑭ ちょっとした隙に T子 がベルを持った。でも，すぐに M子 にやさしく，しかし強引に取り返された。 T子 の涙ぐましい努力がいじらしい。
（その後何度も T子 のチャレンジは繰り返されるが，この事例場面では一度もハンドベルを鳴らせなかった。）

=さらにその後=13：50
⑮ どうしてももっとたくさんのハンドベルが欲しいAグループと M子 のやりとり。先生も入って，条件を決める。3曲かけたら貸すことに決まる。どの曲にするかのやり取りに乗じて， S君 の好きな曲をかけてもらえることになった。（ S君 はいつの間にか合奏のグループのなかで，好きな曲をかけてもらい，夢中になって踊っている）
⑯ 恍惚状態（？）で「デカレンジャー」を歌い踊る S君 。曲につられて，他の男児も寄ってくる。

=待っていた甲斐があった=
⑰ いろいろあったけど，ついに， K子，U子 たちがハンドベルを全部使えることになった。
⑱ うれしくて， U子 は当然のように自分ひとりでベルを使おうと，自分の前に並べ始める。
・ K子 が自分も使おうとベルに手を出す。
・ U子 は K子 の手を押しのける。
・ 怒った K子 は何か文句を言う。
・ K子 の思いがけない反応に， U子 はプイッと怒ってベルを K子 のほうに押しやる。
・ 受け取らない K子 。気まずい空気。
⑲ ついに声を上げて泣き出した U子 。困ったような泣きたいような顔の K子 。それを見ている他の幼児……。
⑳ いつの間にか，心配そうに寄ってきて見ている B男 。遊びがなかなか見つからなかったり，途中で遊びがうやむやになったり，ドミノ作りでは「壊すから」と仲間に入れてもらえなかったり，大人から見るとちょっと気になる B男 だが，こうやってあちこちで友達のことを心配している様子が見られる。

=ついに「一緒にやろう」と仲直り=
⑳ U子 は泣きべそをかきながら，「一緒にやろう。一緒にやろう」と K子 の前にベルを半分押し出して並べる。
　2人で一緒に一回演奏し，片付けて降園になる。

話し合う時に
○全体の流れをつかみ，何が起きているのか大つかみに捉えてみる。
　（はっきりしないことを，質問しながら）

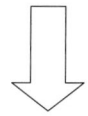

⬇

記録の中心になっている女児以外の幼児の様子に気をつけて見てみよう。

○それぞれの幼児になったつもりで気持ちを考えてみる。

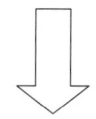

⬇

役割分担をして，実際に動きを再現してみよう。

○気になったこと，疑問，おもしろいと思ったことなどを語り合う，聞き合う。

話し合った結果を
○メモにまとめてみる
○メモを交換し，読み合う
○メモにコメントを書き合う

Ⅱ 子ども理解を深めるためのビデオカンファレンスの実際

〈研修会での資料例4:「3年間の保育記録5歳児編 ④育ち合い学び合う生活の中で」(市販のビデオ[*2])を使ってビデオカンファレンスをした時の資料〉

　5歳児の4月からの様子のビデオであるが,特に場面1・2・3を見てから話し合い,さらに場面4・5(レストランごっこの1日目と2日目の様子)を見てから話し合うことで時間が短くても利用できるビデオだと思います。

VTRカンファレンス　　　　　　　　　　　　7月27日(木)13:30～16:30
　　　　　　　　　　　　　　　　　　　　　　千葉明徳短期大学　岸井慶子

○ビデオについて
　・東京学芸大学付属幼稚園　小金井園舎
　・担任　中野圭祐先生
　・学級の状況……男児12名,女児14名

○おおまかな場面のながれ
　場面1:登園風景,朝の挨拶
　場面2:サッカーの仲間入り
　場面3:砂場(参加の拒否,見ている,
　　　　解説する……参加)
　場面4:レストランごっこ(1日目)
　場面5:レストランごっこ(2日目)
　場面6:運動会の種目決め
　場面7:縄跳びができない
　場面8:縄跳びを先生と一緒に楽しむ
　場面9:縄の遊び(数人の友達や先生と
　　　　一緒に)
　場面10:四葉のクローバー作り
　場面11:竜作り　羽作り　羽を動かす
　場面12:劇の練習
　場面13:劇グッズ作り(ベルト)
　場面14:懐中電灯作り
　場面15:同じ仲間の"マーク決め"(相談),
　　　　マーク作り
　場面16:園庭で友達と探検,先生も一緒に
　　　　山から転げる
　場面17:発表会当日
　場面18:ジェットコースター
　場面19:卒園式

○VTRを見る時に
・このVTRは長い間撮影したものを短く編集したものです。編集したからこそ見えてくるストーリーがあり,編集者が伝えたいことがあると思います。
・VTRに映っている事実に注目してみる。
・自分なりの感じ方,発見・疑問などを大切にして,それらを,一緒に見た仲間と交流させることが大切(独りよがりからの脱出,見方の広がりや深さが得られる)。
・とかく,比較したり,良い・悪い,このようにすべき,などと見てしまいやすいが,このビデオのなかのこの姿から(事実),それぞれの思いや発達を捉えるようにする。

[*2]　岩波映像株式会社,3年保育の生活を4本に分けて追っている。ひとりの子どもが保育者や周囲の友達に支えられながら成長していく様子が理解できる。

Chapter 7 「ビデオカンファレンス」が充実した話し合いになるために

〈研修会での資料例5:「やろか　ふたりで」(市販のビデオ)[*3] 視聴用資料〉

　下図は登場人物の写真をあらかじめ資料にしておいたものです。ビデオを見たあとで，吹き出し部分に登場人物の特徴を自分なりに書きこんで整理しながらほかの参加者と交換してみることも話し合いのきっかけになりました。

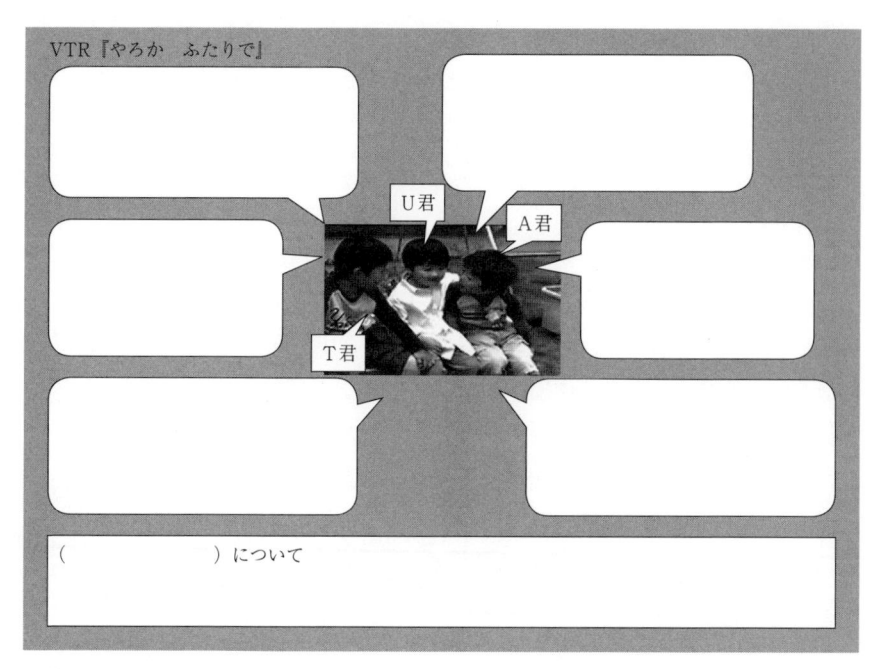

VTR『やろか　ふたりで』

U君　A君　T君

(　　　　　)について

【ワークシート例】

VTR『やろか　ふたりで』を見て話し合う時に
①感じたことを，各自メモしましょう。
②グループで，お互いの感想などを出し合いましょう。驚いたこと，疑問，発見など。今までの保育経験のなかで同じようなことがありましたか？
③U君は，転んだ時に，どんなことを感じたのだろう。考えたのだろう。
　なぜ泣かなかったのだろう。
④U君の「ぎゃー」という叫び声を，言葉に置き換えてみよう。気持ちを考えてみよう。
⑤3人の気持ちについて，それぞれ考えてみよう（何が楽しいのか。はじめは……途中で……）。

＊3　岩波映像株式会社『友だちと出会う「やろか　ふたりで」(幼児理解にはじまる保育シリーズ④)』

そのほかいろいろな話し合い方を創意工夫し，アイディアを園や仲間同士で交換し合うことも大切でしょう。しかし一番肝心なのは，日頃の園内での人間関係が自由な雰囲気であるか，保育がマンネリにならず常に前向きに取り組まれているのか，それぞれの保育者が自分なりに充実感を感じているのか，課題意識や向上心をもちながら保育に取り組んでいるのか，などであることを忘れたくないものです。話し合いの時だけの問題ではないと思います。

4 研修リーダーの養成

　いずれにしろ，過不足のない舵取りは難しいようです。幼稚園や保育所での園内研究・研修を現場内からリードしていくための方法や資質・力量の形成に関する研修がもっとあったらよいのではないでしょうか。研修リーダーのための研修です。まだまだ多くの園の現状は，何となく今までの経験に頼ったり，手探りで行ったり，他園の方法を真似たりすることが多いのではないでしょうか。例えば「保育者が活発に意見を出し合えるようにするにはどうしたらよいのか」という問題について，私たちはもう少し戦略的に方法を開発していく必要があると考えます。しかしこれは，研究会の進め方に関するテクニックの問題としてではありません。ビデオカンファレンスを進めるに当たり，どのような保育課題を，どのような時期に，どのような問題の投げかけ方で考え合うと保育者が「語りたくなるのか」「語らずにはいられないのか」を探る，というようなことです。これは，ビデオカンファレンスをもっと何回も重ね考察をしていくうちに浮かびあがってくるように思います。これが「ビデオカンファレンスは，保育の質を考えるうえで有効な方法ではあるが，もっと洗練していく必要がある」という意味です。ともかく，大学等の教員などを講師に迎え，全面的に講師に"頼る"研修体質は改善していかなければならないと考えます。保育や保育者の質の向上を目指して，現場の実践研究が一層盛んに行われるようにするには，研修リーダーの養成，園内研修方法論への積極的な議論と取り組みが必要だと考えます。最近になって少しずつそのような研修会が開かれて

いるようで,おおいに期待したいところです。コーチングなどの本もあり,参考にされていますが,技法だけでなくやはり保育の質への理解がベースにほしいと考えます。

　より良い話し合いができる保育者が求められます。経験や力量の違いを超えた話し合い,特権者・優越者のない話し合い,それぞれ見方や考え方は違っても対等である関係の話し合い,そして正解のない探求的な話し合いを行えるよう,保育者自身が自分で自分を訓練していかなければならないでしょう。養成教育の責任も求められるでしょう。特に「正解をひとつに求めない話し合い」は,熱心な保育者ほどひとつの正解を求めようとする傾向があり,参加者全体が一堂に納得するような結論を得ると安心する傾向があることを,肝に銘じる必要があると思います。「Aでもあるし,Bでもある」という状態のまま我慢してそれを保てる資質は,保育者に求められる専門性のひとつでもあると考えます。

エピローグ

ビデオを通して，子どもに学ぶ

1 子どもの"すごさ"に教えられ，惹きつけられて

　ビデオを通して保育とかかわり，保育を見つめてくるなかで，今まで思いもしなかった子どもの"すごさ"に気づかされました。子どもの世界の"奥深さ"を教えられました。私が考えていた以上に「子どもは，がんばっている。考えている。良くなろうとしている」ことを教えられました。残念ながら，私は担任の時代には気づくことができませんでした。もちろん我が子を育てながら感じ取ることもできませんでした。ビデオのなかの多くの子どもたちが教えてくれました。

　本論でとりあげられなかったけれども，忘れられないエピソードをいくつか述べたいと思います。

Episode 1：いつの間にか"中継？"していた――中継という参加の仕方

　年長組のあきら君たちが遊戯室で相撲ごっこを楽しんでいる（Scene 1）。そこへ黙ってスーッとやってきたのぶお君。いつの間にか土俵脇に座りこんでいる。おや？何か肩に抱えている。よく見ると，それは先ほどまで保育室で熱心に牛乳パックで作っていた大きなカメラ（？）だった（Scene 2）。

[Scene 1] 　　　　　　　　　　　　　[Scene 2]

[Scene 1] 年長児（3人）のお相撲に4歳児のゆたか君（手前）が入れてもらった。
[Scene 2] そこに空き箱を持ったのぶお君（4歳児）がやってくる（右端）。

[Scene 3]
[Scene 4] 
[Scene 5] 
[Scene 6] 

[Scene 3] のぶお君は土俵脇に座り込んでいる（右端）。
[Scene 4] 時々箱を目に当てて、お相撲を見ているのぶお君。
[Scene 5] アップにして見ると、カメラを構えているようにも見える。
[Scene 6] カメラ中継をしているようだ。ゆたか君（中央）は行司役を楽しんでいる。

　子どもは、（大人には）参加しているように見えなくても、しっかり参加していることがあります。その子なりの参加の仕方なのでしょう。
　家庭にビデオが普及するにつれて子どもたちの遊びに「ビデオ」が取り入れられることが多くなっているように思います。それはPCや携帯電話も同様で、ままごとやおうちごっこのなかで空き箱や積み木をPCに見立ててしきりにキーボードをたたく動作を続けるお父さん役や、紙で作った携帯電話で話す姿を多く見るようになりました。あるいはポケットティッシュをスマートフォンに見立てて音声認識させている姿がビデオに記録され驚いたこともあります。

エピローグ　ビデオを通して，子どもに学ぶ

当然のことですが，子どもの遊びが社会の動きに大きく影響されていることを再認識させられます。

　カメラ中継といえば，15年も前の話ですが，担任時代に出会ったエピソードを思い出します。

　運動会も間近に迫った頃のことでした。5歳児のクラスでは時の経つのも忘れてリレーに夢中になる子どもが出てきました。次第に参加する子どもが増え，クラスのほとんどの子どもが誘い合わせてリレーに参加するようになりました。同じ学年の隣のクラスとの対抗戦を意識してのことでした。そのような状況のなかで，クラスに気になる男児が1名いました。日頃から室内遊びを好んでいるいちろう君。いつもの仲間もリレーに行ってしまい，ひとりうろうろしています。そのように，担任だった私には見えました。私は保育室のある2階のテラスからリレーを眺め，走る子どもに応援の声をかけながら，近くにやってきたいちろう君に「ねえ，いちろう君もやってみたら？」と誘いました。するといちろう君は「いいんだよ。僕，うつす人なんだから。こうやってテレビにうつすの」とサラリと答えたのです。よく見ると，いちろう君は大きめの空き箱を肩に担ぐようにしています。「そうか。なるほど。テレビ中継する人なのね」と（内心，「参った！」と思いながら）いちろう君に答えました。いちろう君のカメラ箱の後ろから，コードに見立てた異様なほど長く伸びた黄色いテープが今でも目に焼き付いています。

　これは，ちょうど園内に映画会社のスタッフが何日も詰めて撮影していた頃の話です。子どもは大人が思っている以上に，いや，それをはるかに超えて，周囲の状況を見てわかって行動しているのだと思います。子どもは周囲の環境から情報を得て，自分のできる範囲と方法でそれを自分の体験のなかに取り込み，学んでいるのだと思います。侮ってはいけない，と自分を戒めることが多い日々です。

　Episode 2は，か弱そうに見えた泣き虫の男の子が，自分なりに考え出した方策で周囲の友達に初めてかかわった時のものです。偶然に撮影することがで

きました。けいた君にとっての貴重な「第一歩」のエピソードです。

Episode 2：カメラでパチリ──関係作りのストラテジー

　けいた君は、いろいろな家庭事情と生来の神経の細さもあり、3歳児で入園した後2か月ほどは大泣きをして祖母からひと時も離れられずに登園から降園までをやっとの思いで過ごすという状況であった。それでも祖母の強い愛情と細やかな配慮の下で休まず登園し毎日を過ごしていた。6月に入ると一緒に入園したほかの子どもたちの多くが友達とのかかわりを楽しむようになっていった。しかしけいた君は、友達の動きに興味関心をもってはいるものの、不安で泣いてしまったり動けなくなってしまったりして実質的に友達とかかわって遊ぶことはみられなかった。

　そんなある日、けいた君は男児たちが遊んでいるブロックをひとつ自分で手に取りカメラに見立てて、周囲にいる子どもたちを次々「はい、チーズ」と言いながら撮影する真似をして歩き始めた。女の子、男の子、かまわず誰にでもカメラを構える。相手の子どもも、カメラを向けられると気楽な様子でポーズをとり、けいた君に笑顔で応じた。

[Scene 1]　ままごとをしている女児に向かってシャッターを切るけいた君（中央）。その様子を振り返って見るしろう君（右端）。
[Scene 2]　真似るしろう君（中央奥）。

　見ていた私は「そうか、これがけいた君の友達作り第一歩なのだ」と驚くとともにとてもうれしかったことを覚えています。ブロックをカメラに見立てての写真撮影は、けいた君自身が自分なりに考えた他児へのかかわり方でした。あんなに"泣き虫で、友達と遊ばない"3歳の男児が、自分の状況をなんとか自分で変えていこうとした瞬間に立ち会えました。子どものたくましさを教え

られたエピソードです。

　さらに，数年後に何度もビデオを見返して気づいたのですが，なんと，もうひとりの同じように内気なしろう君が，けいた君の動きに続いて同じようにカメラで友達を写す真似を始めていたのです。何も言わないけれど，しろう君もけいた君の様子を見て，自分にできることを自分から始めたのでした。2人の行動は大きな声も，派手なアクションもない目立たない動きではありましたが，大きな一歩だったと思います。そのような一歩に立ち会えて，とてもうれしかったです。注意はしているつもりでも，見逃してしまうものだなあ，と感じました。

　子どもが語る話はとてもおもしろいものです。しかし耳をすまさなければ聞こえてこないものです。保育をしている時には，子どもが保育者に助けを求める声，抗弁する言葉，質問に対する答えには耳を傾けるけれど，ゆっくりと子どもの話を楽しみながら最後まで聴くゆとりがなかったように反省的に思います。ビデオを撮るようになって，子どもがちょっとした時に，子ども同士で話す（聴く）時の話が特におもしろいと気づくようになりました。そのような話が聞けた時，その子らしさ，その子の個性に触れたように感じるからです。Episode 3 は，ストーリーテラーとしての子どもの話に耳を傾けたい，と思わせてくれたエピソードです。

　Episode 3：陽だまりのおしゃべり

　　トランポリンの上で朝のひと時，4人の男児とひとりの女児が日向ぼっこでもするように集まって話をしている（Scene 1）。
　　ひでお：お前さ（けいすけを指して），最初のさ，おれの話，ちょっとだけ聞いてなかっただろ。お前も（ひろしを指さして）。だから，もう1回してあげる。
　3歳の時にね，プールに行った時にね，カ，エ，ル，が，いた。
　それを，（両手を合わせながら）捕まえた。それを逃がした。
　おっきい女の子が捕まえた。足で，（パチンと拍手）つぶして，死んだ。
　それでプールに流して，いなくなった。
　それで，ひでくんは（自分のこと），迷子になって，それで，それで女の人が放送して

195

……（このへんで，聴いている子どもがニヤニヤとした表情になる。）それでちゃーちゃんが迎えに来てくれた，という話です。（聞いていた子どもたちは「ウォー，きゃー，ひー」と一斉に声を上げその場に崩れる……。）

　けいすけ：ちゃーちゃんてね，ちゃーちゃんて，ちゃーちゃんてね，あれ，お前のお母さんのこと？
　ひでお：そう（大きくうなずいて）。おれのおばあちゃん。

　けいすけ：おれさー，大事な話があるんだよ。
　ひでお：うん（と身体をけいすけのほうに向ける）。
　けいすけ：おれねー，チョー馬鹿なことやったの（遠くを見つめるような照れたような笑顔で）。おれねー，釣りに行ったことあるのね。それで釣りざお，落としたの。
　ひでお：えっ（けいすけに顔を近づけて），落として，魚を釣らないできたの？
　けいすけ：釣ったら，こうやって（両手を顔の前でパーにして），落っことして，お父さんに怒られてー（ちょっと笑いながら），チョー，こわかったの。
　ひでお：それでー，おれの釣りがちょーすげーんだよ。釣りやってた時，釣りやってた時。海だぞ，海，海の話なんだよ。海でひで君（自分のこと）が魚を釣ってた時（トランポリンの上に立ち上がり，外側に向けて竿を構えるように両手を合せて前に伸ばす；Scene 2)，そこに，魚が，釣れたと思ったら，誰かのー，誰かの落っことしちゃったー，ながぐつだったんですよー。
　　（みんな笑う）
それ，それでね，それを取ってね，投げてね，またね，鮫が出てきてね，鮫をね，鮫を捕まえて，それから，お家に持って帰ってね，すごーくね，大きな包丁で，切って食べたの。そしたら，おいしかった。

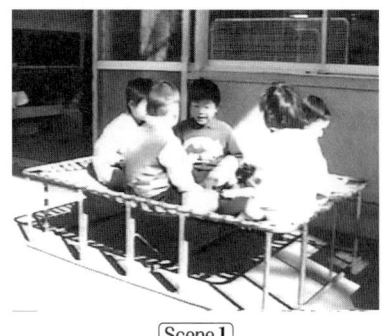

Scene 1　　　　　　　　　　　　　　Scene 2

Scene 1　日向ぼっこをしながらトランポリンの上でおしゃべり。
Scene 2　こうやって魚を釣ったんだとやってみせる。

エピローグ　ビデオを通して，子どもに学ぶ

　カメラを向けながら，4歳児の子どもがこんなにも素直に，自分の経験をもとに（脚色もあるようですが）語る姿を知り，子どもが内面にもっている物語の内容の豊かさを，もっともっと耳を傾けて味わいたいと思うようになりました。

Episode 4：ツツジの木の下で

　おや？　あの子はどこに行くのだろう。
　仲良く遊んでいたが，ちょっとしたことで友達とケンカになりぷんぷん怒ってその場から抜けた。ケンカの原因は自分たちの電車が渋谷駅に停まるか停まらないかという問題。運転手役のじろう君は「急行は止まらない」と言い，車掌役のたろう君は「停まる」と言い張り大きな声でのケンカになった。近くでおうちごっこをしていた数人の女児たちが乗客になっていたが，突然始まったケンカに戸惑っている。
　たろう君が遊びを抜けたあと，どこに行くのかカメラで追った。「何をしているの？」とカメラをぐっとズーム・インしてみると，大きなツツジの木の茂みの下に入り込んで，座り，何かを考えているようだ。
　しばらくしてから，たろう君はツツジの木の下から抜け出し，砂場にやってきて道具置き場からいくつかの砂場道具を取り出した。そして，「さぁーいらっしゃい，いらっしゃい。おいしいケーキだよ」と大きな声でおうちごっこの方角に呼びかけた。かなり威勢のいい声だ。おうちごっこにいた女児たちが，走ってケーキを買いに来た。じろう君も，もちろん買いに来た。

　こんなに小さな子どもでも「自分の気持ちを収めるために，じっとして考えるのだなぁ」と私が初めて教えられ，そしてその後の見事な仲直りの様子に驚かされました。私たち大人よりもずっと知恵を出し，その場を切り替える力をもっているのだと思いました。

Episode 5：あまりに"お見事"

　4歳児の保育室で，男児数名が楽しんでいたマジレンジャーごっこがだんだんエスカレートしてきた。遊びの内容的にも時間的にもそろそろ飽和状態の11時過ぎのこと。そのなかのひとりが戦いごっこの流れのなかで，対戦相手の持っていた空き箱（武器）を奪い，相手の頭をたたいた。「ペコン」と大きな響きの良い音をたてた。その音がよ

＊　幼児が自分の気持ちを切り替える時や，自分なりに収める時に，ひとりになって考え込む姿は，市販のビデオ「わすれてできる」（岩波映像株式会社）のなかにも見ることができます。

197

ほど楽しかったからなのか，それまでの遊びに飽きて変化のきっかけを求めていたからなのか，たちまちのうちにほかの子どもたちに広がった。あちらでもこちらでも，「ペコン」「ポコン」と誰彼かまわず相手の頭をたたく音がする。保育室にいたほとんどの子どもが次々と近くにいる子の頭を叩く。あわてて空き箱を探しに行って「ペコン，ポコン」に参戦する子どもも出てくる。保育室中に「ペコン，ポコン」の音があふれる。私は「他人の頭を叩く遊びは止めるべきかなぁ，でも誰も嫌がっていない。私が担任だったら止めるだろうな」と思いながらも，見て見ぬふり（評価的に見ない。咎めるような目つきをしないであらぬ方角をぼーっと見ているようにする）でビデオを構えていた。
　するとその時，園庭から「片付けましょう」という担任の声が聞こえた。担任の先生は園庭で遊んでいるグループの片付けを見ながら保育室に呼びかけたのだ。この時点で担任の先生は，頭叩き遊び（？）が行われているなどということはまったく気づいていない。
　先生の声が聞こえた，まさにその瞬間。子どもたちはどうしたか。全員がそれぞれ，今まで"他児の"頭を叩いていたその箱で，"自分の"頭を叩きだした。
　「ペッコン」「ポッコン」大きな音を出しながら，真面目な顔をして自分の頭を叩いているその姿を見て，私は笑いをこらえるのが大変だった。

　子どもは「たとえ空き箱であっても友達の頭を叩くことが悪いこと，たぶん先生だったら『いけない』と止めるだろうということ」を知っていたのでしょう。でも，誰ひとり嫌がらず，にこにこしながらお互いに相手を見つけては空き箱で頭を叩き，大きな響く音を楽しんでいました。叩くほうも叩かれるほうも笑顔いっぱいです。なかには，音を試すようにして，また違う空き箱を探し出し，それでまた誰かを叩く，という研究熱心（？）な子どももいました。そんなに夢中になって見ているほうが思わず惹きつけられるような楽しい遊び（？）の時間でしたが，園庭のほうから聞こえてくる担任の先生の声で，みんなが"一斉に"叩くのを止め，その場でまた一斉に"自分の"頭を叩き出した，その一糸乱れぬ行動の変わり身の早さに，私は「お見事！」と心のなかで叫びました。
　保育者が知らないところで，子どもたちは「悪い（とされる）こと」とギリギリのところで楽しみを見つけ，見つかりそうになったら知らんふりをしてい

るのかもしれません。子どものほうが大人より一枚上手かもしれません。

Episode 6：「そういう時はね。飽きるまで，待ってるんだよ」

　4歳児のゆたか君は，年上の年長組からも一目置かれるほどの男児だ。身体も大きいし，威圧する時の言葉も強い。時には腕力に物を言わせることもある。一目置かれるというより，怖がられる，と言ったほうがいいかもしれない。気持ちはとても優しいのだが。自分の意思がはっきりしていて，ほしいもの，やりたいことには一直線で向かっていく。

　今日も，遊戯室で遊んでいる年長組のところにひとりでやってきて「入れて」と言うが，断られる。あきお君には「ひとりで，やってよ」とはっきり言われ，「なにおー」と肩をいからせ，挑むようにあきお君に迫る。あきお君は素早く逃げる。そのやりとりを近くで見ていた年長組のよしお君ら男児たちが加勢する。遠巻きに取り囲むようにして，時々キックやパンチ（ただし，形だけで，ゆたか君の身体には当たらないようにしている）をする。ゆたか君は年長児の挑発を楽しむかのように，近くにある箱積み木を両手で高く持ち上げて相手に迫る。迫力がある。「なんでだめなんだ……」などブツブツと怒りを口にしている。「この積み木は，取ってやる。俺の物にする」というようなことを言いながらあきお君たちが使っていた箱積み木の上にまたがる。追い打ちをかけるようにあきお君たちの威嚇攻撃（これもポーズだけ）が続き，ゆたか君は積み木に体を隠すようにする。

　そこに，あきら君が呼ばれてやってきた。よしお君たちは「（この子が悪いから）やっつけて」というようにあきら君に頼む。なかには，あきら君に紙棒を武器代わりに渡す者もいる。事情がわかってきたあきら君は静かにゆたか君に近づく。
あきら「なんで……」（静かに顔を近づけて）
ゆたか「積み木使っちゃいけないって言うんだ」（怒ったように言う）
あきら「あのな。そういう時はなー。飽きるまで待っているんだよ。（使っている人が）飽きたら，使えばいいんだよ」
ゆたか（パっと表情が変わり，明るい声で）「そうか。寝て待ってればいいんだな」
　いきなり，遊戯室の中央に行って，ひじ枕をするようにして横たわる。
　しかし遊戯室の床に遊びの音が響くのか「うるせーな。寝てらんねー」と時々起き上がっては，周囲に大きな声で言う。その後，ゆたか君の近くであきら君やよしお君たちが始めたお相撲ごっこの様子を見る。

Scene 1　積み木を使いたくて，仲間に入れてもらえず怒っているゆたか君に，話す年長児のあきら君。

Scene 1

　どのようにしたら，ゆたか君の荒々しさを静められるのだろうか。大人の介入はかえって問題を「事あげ」してしまう（問題として浮上させる）かもしれません。私にもゆたか君の「積み木で遊びたい」という気持ち，それが受け入れられない「寂しさ」が伝わってきました。周囲の子どもたちにも伝わっていたのかもしれません。主張と主張が正面からぶつかるトラブルとは違っているように思います。あきお君やよしお君たちも「どう対応したらよいのか，扱いかねている」ように見えました。それを，たった二言ほどで解決したあきら君とゆたか君の間に生まれた「了解」に驚かされました。子ども同士にしか伝わらない言葉，わかり方の世界があるのではないかと思わされました。ここでも子どもの見事さに教えられました。

Episode 7：得意の絶頂と「ひとり」を感じる時

　年長組の男児が，園庭の夏みかんの樹に実がなっているのを見つけた。何とかして獲ろうといろいろ試す。先生の肩に乗ったり（Scene 1），長柄のホウキや熊手を持ってきてつないだり。樹に登ろうといろいろな子が何度も挑戦するが，ズルズルと滑り落ちるばかりで登れない（Scene 2）。だんだんあきらめてほかの遊びを始める。たったひとり最後まであきらめなかったひろし君が，樹が二股に分かれているところまで登ることができた。

　しかし，そこまでは素手で登るのが精いっぱい。そのあとは誰かからホウキを渡してもらわなければミカンの実には届かない。するとまさる君が脇からホウキを渡した（Scene 3）。

苦労の末，ひろし君はミカンの実を叩き落とすことができた。輝くような黄色い実が地面に転がった。下にいたまさる君がそれを拾い，庭にいた用務さんの所に持っていった。樹の上からは「ダメ，それ僕が獲ったんだから」という絶叫に近いひろし君の声がとぶ。すぐには樹から降りられなかったのだろう，少ししてから走って用務さんの所に行き「僕がこうやって獲ったんだ」と動作を交えて言いながら実を取り戻す。

 それからひろし君は幼稚園中のクラスを回り，自分の獲った実を見せて歩く（Scene 4）。どのクラスでも先生や子どもたちがひろし君の話を聞き，「すごいわね」「どうやって獲ったの」と称賛し話を聞いてくれる。ひろし君は，庭のミカンの樹を指さし「"僕が"獲ったんだよ。"ひとりで"獲ったんだよ」と時に動作を交えながら得意気に話す。喜びと満足感と自信にあふれている。

 最後のクラスで保育者から「そのミカンどうするの？」と聞かれ，「みんなで食べるんだよ」と答えてはみたものの，「足りるかな」という先生の言葉に，もうひとつ獲ることにする。

 急いで庭に出たが，もうミカンの樹の周りには誰もいない。みんなそれぞれの遊びに夢中になっている。ひろし君はポケットに手を入れうろうろと歩き考えている様子。先ほどの得意の絶頂にいたひろし君とはまったく異なる雰囲気だ（Scene 5）。

 ようやく，離れたところでサーキットごっこをしているまさる君を見つけ，何やら交渉している。しばらく話していた後，まさる君がサーキットごっこの仲間に「ちょっと行ってくるから」と断り，ひろし君とまさる君はミカンの樹の下へ走った。

 2人で再びミカンの実を獲り始めたのだが，なんと，ひろし君がまさる君のお尻を押したり支えたり，登り方を教えたりしている。(Scene 6, 7)
（時間の都合で，観察撮影はここまでしかできませんでした。その後，その日ではなかったけれど，園のみんなでミカンを味わうことができた，と教えていただきました。）

Scene 1 　　　　　　　　　　　　　　　　Scene 2

Scene 1　なんとか獲ろうと保育者に肩車してもらう。
Scene 2　何度も挑戦するがズルズルと落ちる。

Scene 3　途中まで上れたひろし君にホーキを渡すまさる君。
Scene 4　3歳クラスで香りを説明するひろし君。
Scene 5　ひとりになり，うろうろとするひろし君。
Scene 6　まさる君が上ろうとするがなかなか上れない。
Scene 7　まさる君が上れるよう下から教えるひろし君。

　1時間以上続いたドラマでした。ひろし君がミカンの実を苦労の末やっと手に入れ，全部のクラスの保育者と子どもたちに説明し喜びを受け止めてもらう姿を見ていると，私も「良かったな」とひろし君のサクセス・ストーリーを喜

びました。ひろし君が何度も口にする「"僕が""ひとりで"」という言葉も，何度も失敗している様子を見ていたので素直に受け取ることができました。

しかし2つ目のミカンを獲ろうと庭に出た時の後ろ姿には，何とも言えない「孤独」が感じられました。我に返るとか現実を突きつけられるとでも言ったらよいのでしょうか。あんなに得意気で自信や喜びにあふれていたひろし君が，今はたったひとりで「どうしようか」考えあぐねている。子どもはこんなふうに「ひとり＝孤独」や「ひとりではできない」ことを感じていくものなのでしょうか。「誰かに支えてもらわなければできない自分」に気づくのでしょうか。「自分が，自分が」「自分ひとりで（やれた）」という気持ちに，「誰かと一緒に」が加わるというのはこういうことなのでしょうか。この変化が，誰に言われたわけでもなく見ている私も気づかないほど自然に，今度はまさる君を先に登らせようとする行動をひろし君にとらせたのではないかと思われます。

ひろし君がまさる君を誘った（あるいは，交渉した）時に，もしかしたら「今度は君（まさる君）に獲らせてあげるから（いっしょに手伝って）」という条件があったかもしれません。しかし，非常に登りにくい樹の状態でかなりの運動能力がなければ登れない状況と前半でのまさる君の様子から，まさる君が登れる可能性はかなり低かったと思われます。数か月後には小学校に入学する時期の年長組ですから，自分の能力はある程度把握できている時期だと考えられますので，まさる君が再びミカンの樹に向かったのは困っているひろし君への優しさからではないかと推察しました。担任保育者のまさる君理解でも，そのことは一致しました。このような仲間の「優しさ」があればこそ，強烈な「自分が，自分で」に「共に」が育つのだと教えられました。

2 "見えてくる"子どもの世界

アバウトな，明確に決めておかない対象を，撮る視点もあまり決めずにある意味で撮ることが楽しくてたまらない私ですが，保育のなかの子どもの姿をビデオに撮って，保育者の方々や時には保護者の方々に伝え，一緒に味わいたい

ことがあります。最初から伝えるために撮ったのではなく、撮っているうちにどんどん伝えたい思いが強くなって、どうしても伝えたくなったことです。

　それは、子どもの世界（子どもが感じたり考えたりすること）のおもしろさ、ひたむきさ、一生懸命さ、見事さです。そのことを撮りたいと思っています。子どもがすごい存在だということを伝えたいのです。子どもにかかわる大人の方々と共感したいのです。子どもは私（大人）が考えているより、ずっと「がんばっている」「良くなりたいと思っている」「苦労している」ということが、ビデオを撮って検討すればするほど納得させられるのです。

　もうひとつ、保育者だって「子どもにとって良い保育をしたい」という気持ちをもっています。しかし、保育はとても重層的で複雑であいまいで、ゆっくり考えたり味わったりする暇もなく次々とできごとが起きては過去の時間のなかに消えていってしまいます。AだからB、CならばD、のように単純に原因を求め、良い保育にする"唯一正しい"方策を探し出すことができません。そんな不確実な状況のなかで、保育者は自分のすべての感覚を動員し、身体を通して保育しています。そんな状況のなかで、もし（かつての自分がそうであったように）悩んでいる保育者がいたら、一緒に保育を読み解きたいと思うのです。悩みを解決する手伝いをしようとは思いません。傍らで一緒に「保育を味わいながら、見つめ直す」ことをしようと思うのです。そのためには、保育者が保育をする時の見方、のように撮りたいとも思っています。いろいろな場面や子どものことを気にしつつ、難しいことではありますがひとりの子どもの内面にできるだけ深く入り込み、距離を置いて眺め……というような姿勢で、子どもの姿に添いながら保育の流れに流されながら撮りたいものだと思います。できることならビデオのなかで保育者や子どもと一緒の時間を生きたいと思います。このような撮り方は、あらかじめ撮る視点や場面を決めておいて撮る撮り方ではありません。子どもの世界（保育の流れ）のなかに身を置き、カメラを通して「見えてくる」のを受け取る撮り方だと思います。大学院に入った頃には、そのような撮り方（見方）でよいのかどうか迷った時期もありました。きっと「もっと研究の意図が明確な、分析に耐えられるような……、行き当たりばっ

たりではない」記録のほうが，"偶然"撮れたようなエピソードよりも価値があると考えたからだと思います。もちろん，研究的な撮り方に価値がないと思っているわけではありませんが，今は，少し開き直って（というか，私にはそれしかできないことを悟ったのですが），私にしか撮れない，私の見方でしか撮れない撮り方でよいではないか，と思っています。ただし，ていねいに撮る（見る）こと，辛抱強く撮り続ける（見続ける）こと，撮ったビデオを基に保育者の方々と十分に語り合うこと，を忘れずにいようと思っています。ビデオを使いながら子どもの世界や，保育者の様々な感情が生きて働いている保育をもっと知りたい，感じたい，共感し合いたいと思っています。

　最後に，この本の書名にもしている「見えてくる」ということについて触れたいと思います。なぜ子どもをよく「見る」としないで「見えてくる」としたのかということです。担任をしている時には気づけなかったことですが，子どもの世界や保育は「見ようとして見る」ものではなく「見えてくる」のだと思うようになったからです。もちろんそこには，撮り手の全感覚やそれまでの全経験を動員して対象に向かう緊張状態が求められます。「見えてくる」のをただ漫然と待っていればよいというものでもないでしょう。事実がどのようであったのかをしっかり捉える努力が必要であることも確かです。しかし，その場の子どもの言動を，意志的に「よく見る」"だけ"では「見えない」ことに気づいたのです。機械とは異なる「私」が対象に対してどのような「思い」をもち，対象とのどのような「関係」を育み，どのように「その場と時間を共有」しているか，ということが「見えてくる」ことにつながると感じるようになったのです。「見る」という一方向的な意志的な行為だけでは，どうも「子どもの世界」が「見えてこない」と思うようになったのです。若い保育者の方々に対して，「幼児理解を深めるために『よく見なさい』」と簡単に言えなくなりました。私自身が担任だった頃そうだったように，「もっと見たくなる」「知りたくなる」気持ちが自分のなかにあふれ，「（子どもの世界を）感じられた時の喜び」を知ることの方が，「よく見る」「詳しく見る」ことよりもずっと大切だと考えるようになったからです。

あとがき

　20数年間，多い時には週に3日以上保育現場にビデオカメラを持って出かけ，記録し，保育が終わった後でその映像を基に保育者の方々と保育について話し合いをしてきました。保育中には保育者の方々や子どもたちと目と目でお話ししていたのかもしれません。そのことを通して，保育の楽しみ，子どもの世界の楽しさ，すごさを発見させていただけました。子どもがどんなに幼くても「もう少し良くなりたい。もっと良くなりたい」と思っているように，どの保育者も表し方はそれぞれ異なっていても「より良い保育」を目指していることがわかりました。保育者が「自分の保育」を見つめ，喜びや課題を発見し，明日の保育に向かって進んでいけるような「保育の見方」，「ビデオで子どもの世界を見ること」，「ビデオカンファレンス」をこれからも探っていきたいと思います。保育の複雑さ，奥深さ，子どもの見事さを，ともに分かち合い共感し合えるような「ビデオカンファレンス」のあり方，実践者と研究者，実践者以外の人間の協働性のあり方を探っていきたいと思います。「ビデオカンファレンス」は自分の保育を見直すための「ひとつの道具・方法」です。さらに有効に力を発揮するような「ビデオカンファレンス」を目指して洗練していく必要があります。「こうあらねばならぬ」という「べき論」の押し付けや保育者を縛ったり責めたりする道具にならないようにしていきたいと考えています。

　また，エピローグにも述べましたが，子どもの世界は外側から一方的に「見る」努力だけでは見えてこないということにも気づかされました。保育者と子どもの邪魔をしないように，そっと同じ場に身を置き，同じ時を過ごし，その時々の感情をできるだけ共に味わいながら，「本当は何が起きているのか」を求めていくことが大切だと考えています。「見えてくる子どもの世界」を大切に受け止めながら，これからも撮り続けていきたいと思っています。

この本でとりあげたエピソードと写真は，撮影時に直接ではありませんが，すべて園の責任者の方を通して保護者の方に許可をいただいて撮影しました。多くの場合園内研修の一環として撮影し，園の先生方との研修会での話題として取り上げたものです。その後，保育学会で発表したり提案したり，園外の研修会で使用したりする際には，各園に内容をお知らせし承諾をいただくようにしました。また担任など園の先生と共同提案という形式をとったり，会場にご同席いただいたりするよう努めました。今回，本著をまとめるにあたり再度，可能な限り保護者とご本人（成人している場合）に承諾をいただくように努めました。一番古いものでは24年前のエピソードもありましたがほとんどの場合承諾をいただくことができました。残念ながら，退職や転居等で園の先生方と連絡がつかなかったり，転居等で保護者の方と連絡がつかなかったりする場合もあり，その場合は顔がわかる写真を掲載しないような配慮をいたしました。Episode 2-3，Episode 2-4 に関しては，連絡がとれず本著掲載の承諾は得られませんでしたが必要と考え掲載させていただきました。

　余談ですが，成人したご本人から本書を楽しみにしているというお返事に加えて，就職した，結婚した，子どもが生まれた，などのお知らせをいただき，幼児の頃の姿と結びつけて感慨に浸るという余禄の楽しみを得ることもできました。ここまで子どもたちとつながりながらその成長に関心をもち続けていらっしゃる先生方の姿から，改めて保育という仕事の重みを感じました。

　台東区立根岸幼稚園，文京区立後楽幼稚園，文京区立明化幼稚園，千代田区立麹町幼稚園，お茶の水女子大学附属幼稚園，青山学院幼稚園，台東区ことぶきこども園をはじめ，多くの公立・私立幼稚園にビデオ観察，エピソード掲載にご協力いただきました。心より感謝いたします。

　撮り始めてから，20数年。書き始めてから2年。多くの方々の支えがあって刊行までこぎつけることができました。ビデオの世界に誘ってくださった故高杉自子先生，ビデオ観察を温かく見守り場を提供してくださった藤原芳子先生はじめ各園の先生方，折々の研究会で鋭くビデオ分析を教えてくださった佐伯胖先生，そしてご自身が大変な状況にあったにもかかわらずすべての原稿に何

あとがき

度も目を通してご指導くださった森上史朗先生に心より感謝申し上げます。そのほかお名前はすべて書ききれませんが多くの先生方に励まされ助けていただきました。また，ミネルヴァ書房編集部の川松いずみ氏には出版にあたり最後まで細やかなお世話をいただきました。ありがとうございました。

2013年9月

岸井慶子

《著者紹介》

岸井慶子（きしい・けいこ）
1949年東京生まれ。青山学院大学博士後期課程満期退学。公立幼稚園教諭として16年間勤務。恩賜財団母子愛育会愛育幼稚園園長，青山学院大学非常勤講師，鎌倉女子大学短期大学部教授などを経て，現職。その他，保育士・幼稚園教諭の研修会講師を行うなど，保育者とともに，保育の質向上に力を注いでいる。

現　在　秋草学園短期大学教授・お茶の水女子大学非常勤講師。
主　著　『保育者論の探究』（共著）ミネルヴァ書房，2001年
　　　　『子ども理解と援助』（共著）ミネルヴァ書房，2011年
　　　　『幼稚園実習　保育所・施設実習』（共著）ミネルヴァ書房，2012年

　　　　　　　　　　　見えてくる子どもの世界
　　　　　　　　　　　──ビデオ記録を通して保育の魅力を探る──

2013年9月30日　初版第1刷発行　　　　　〈検印省略〉

定価はカバーに
表示しています

著　者　岸　井　慶　子
発行者　杉　田　啓　三
印刷者　田　中　雅　博

発行所　株式会社　ミネルヴァ書房
607-8494　京都市山科区日ノ岡堤谷町1
電話代表　(075) 581-5191
振替口座　01020-0-8076

© 岸井慶子, 2013　　　　　創栄図書印刷・清水製本

ISBN978-4-623-06457-1
Printed in Japan

| 保育のためのエピソード記述入門 | A5判／256頁 |
| 鯨岡　峻・鯨岡和子／著 | 本体　2200円 |

エピソード記述で保育を描く　　A5判／272頁
鯨岡　峻・鯨岡和子／著　　　　本体　2200円

子どもの心の育ちをエピソードで描く　A5判／296頁
　　──自己肯定感を育てる保育のために　本体　2200円
鯨岡　峻／著

保育の場に子どもが自分を開くとき　A5判／242頁
　　──保育者が綴る14編のエピソード記述　本体　2400円
室田一樹／著

子どもの心的世界のゆらぎと発達　A5判／226頁
　　──表象発達をめぐる不思議　　本体　2400円
木下孝司・加用文男・加藤義信／編著

０１２３発達と保育　　　　　　　A5判／240頁
　　──年齢から読み解く子どもの世界　本体　2200円
松本博雄・常田美穂・川田　学・赤木和重／著

子どもの発達の理解から保育へ　　A5判／240頁
岩田純一／著　　　　　　　　　　本体　2400円

共　感──育ち合う保育のなかで　四六判／232頁
佐伯　胖／編　　　　　　　　　　本体　1800円

──────ミネルヴァ書房──────
http://www.minervashobo.co.jp/